高等职业教育汽车车身维修技术专业教材

Qiche Tuliao Tiaose Jishu

汽车涂料调色技术

全国交通运输职业教育教学指导委员会　组织编写

王亚平　李家玉　主　编

郭建明　主　审

人民交通出版社股份有限公司

北京

内 容 提 要

本书是高等职业教育教材,是在各高等职业院校积极践行和创新先进职业教育思想和理念,深入推进"校企合作、工学结合"模式的大背景下,由交通职业教育教学指导委员会汽车运用与维修专业指导委员会组织编写而成。

本教材分为三篇。主要内容包括光与色、颜色的基本性质、色光加色法和色料减色法、涂料基础知识及素色漆、银粉漆、珍珠漆和水性漆的调色。

本书主要供高等职业院校汽车车身维修技术专业教学使用,也可作为汽车车身调色人员的岗位培训教材或自学用书。

图书在版编目(CIP)数据

汽车涂料调色技术 / 王亚平,李家玉主编. —北京:
人民交通出版社股份有限公司,2016.11
ISBN 978-7-114-13363-3

Ⅰ.①汽⋯ Ⅱ.①王⋯ ②李⋯ Ⅲ.①汽车—喷涂—
调色—高等职业教育—教材 Ⅳ.①U472.44

中国版本图书馆 CIP 数据核字(2016)第 235675 号

书　　名	汽车涂料调色技术
著 作 者	王亚平　李家玉
责任编辑	翁志新
出版发行	人民交通出版社股份有限公司
地　　址	(100011)北京市朝阳区安定门外外馆斜街 3 号
网　　址	http://www.ccpcl.com.cn
销售电话	(010)59757973
总 经 销	人民交通出版社股份有限公司发行部
经　　销	各地新华书店
印　　刷	北京市密东印刷有限公司
开　　本	787×1092　1/16
印　　张	10
字　　数	232 千
插　　页	2
版　　次	2016 年 11 月　第 1 版
印　　次	2020 年 5 月　第 2 次印刷
书　　号	ISBN 978-7-114-13363-3
定　　价	25.00 元

前　言

为贯彻《国务院关于大力发展职业教育的决定》以及教育部制订的《国家教育事业发展"十一五"规划纲要》精神,深化职业教育教学改革,积极推进课程改革和教材建设,满足职业教育发展的新需求,交通职业教育教学指导委员会汽车运用与维修专业指导委员会组织全国交通职业技术院校的骨干教师及相关企业的专业人员,编写了本套高等职业教育规划教材,供高等职业院校汽车整形技术专业教学使用。

本系列教材在组织编写过程中,认真总结了全国交通职业院校多年来的专业教学经验,注意吸收发达国家先进的职教理念和方法,形成了以下特色:

1. 推行工学结合的人才培养模式。汽车整形技术专业建设,从市场调研、职业分析,到专业教学标准、课程标准开发,再到课程方案制订、教材编写的全过程,都是交通职业院校的教师与相关企业的专业人员一起合作完成的,真正实现了学校和企业的紧密结合。本专业的课程也体现了工学结合的本质特征——"学习的内容是工作,通过工作实现学习"。

2. 体现任务驱动的课程教学理念。以职业岗位的典型工作任务为驱动,确定理论与实践一体化的学习任务,按照工作过程组织学习过程。每个学习任务既有知识学习,又有技能操作,是工作要求、工作对象、工具、方法与劳动组织方式的有机整体。

3. 倡导行动导向的引导式教学方法。本系列教材注重对学习目标和引导问题的设计,以学生为主体,强化学生的地位,给学生留下充分思考、实践与合作交流的时间和空间,让学生亲身经历观察→操作→交流→反思的活动全过程。

4. 提供紧密结合职业岗位的技术内容。教材内容力求符合最新的国家及行业相关技术岗位标准以及技能鉴定的要求,为学生考取双证提供帮助。

5. 采用全新的结构编排模式。本系列教材打破了传统教材的章节体例,以典型学习任务为一个相对完整的学习过程,每个学习任务的内容相互独立但又有内在的联系。在每个学习任务开篇处,都以解决实际问题、完成岗位任务为导引,设定"学习目标""任务描述"和"学习引导"三个栏目,围绕工作任务聚焦知识和技能;正文则由"相关知识""任务实施"和"评价反馈"三部分内容组成,实现了理论实践一体化。

《汽车涂料调色技术》是本系列教材中的一本。本教材图文并茂,理论描述简要,实践叙述符合职业规范,使高职学生在"工作过程"中获得实践技能,体现了高职高专教育加强实践技能的教育特点。

参加本书编写工作的有:四川交通职业技术学院的马远辉(编写第一篇的单元1~4、第三篇的学习任务1)、李家玉(编写第二篇的单元3和任务4);陕西交通职业技术学院的王亚平(编写第二篇的单元1、2,第三篇的学习任务2和学习任务3部分内容);PPG 工业集团庞贝捷漆油贸易(上海)有限的公司王小蜀、张小鹏(编写第三篇的学习任务3部分内容)全书由王亚平、李家玉担任主编,陕西交通职业技术学院的郭建明担任主审。

在本教材的编写过程中,参阅了国内公开出版、发表的文献资料,对文献的作者及提供资料的朋友们表示感谢;同时还要感谢陕西交通职业技术学院的崔选盟、廖发良、蔺宏良、李占锋、王飞、唐小清,四川交通职业技术学院的袁杰,陕西公路汽车检测中心的韩锋等各位专家和老师的热情帮助;特别感谢庞贝捷漆油贸易(上海)有限公司提供相关资料与技术支持。

限于编者经历和水平,教材内容难以覆盖全国各地的实际情况,希望各位教学单位在积极选用和推广本系列教材的同时,注重总结经验,及时提出修改意见和建议,以便再版修订时补充完善。

全国交通运输职业教育教学指导委员会
汽车运用与维修专业指导委员会

目 录

第一篇　色彩基础知识

第二篇　涂料基础知识

目 录

第三篇　涂料调色任务实施

第一篇 色彩基础知识

在五光十色、绚丽缤纷的大千世界里,色彩使宇宙万物充满情感,显得生机勃勃。色彩作为一种最普遍的审美形式,存在于我们日常生活的各个方面。衣、食、住、行、用,人们几乎无所不包、无时不在地与色彩发生着密切的关系。色彩现象是一种变化万千的自然景象。没有色彩就没有花红柳绿,没有色彩就没有碧海蓝天,没有色彩就没有诗,没有音乐,没有艺术。没有色彩的世界无疑是个黑暗死寂的世界。人的一生自始至终都处在绚丽的色彩包围之中,并在这包围之中,感受到时光的美好,时间的温馨,人生的愉悦。色彩现象是客观存在的,而且永恒。

本篇主要讨论色彩基础知识,分析生活中的色彩现象,从光与色、颜色的基本性质、色光加色法、色料减色法四个方面,阐述与汽车漆调色相关的颜色基本概念和基本原理。颜色理论是建立在物理光学、视觉生理学、视觉心理学以及美学等学科基础上的综合性科学。掌握颜色理论是为了运用这一理论揭示色彩本质,阐明正常人的颜色视觉规律,正确分析颜色,合理调配颜色。

单元1　光　与　色

学习目标

1. 运用色觉形成的三要素初步分析物体成色的基本原理;
2. 根据生活现象分析光与色的关系;
3. 叙述光的本质;
4. 独立完成色散实验;
5. 用光源的色温和显色性评价光源质量;
6. 绘制常见光源的相对光谱功率分布曲线;
7. 叙述眼睛的结构和功能;
8. 分析常见颜色对人的心理影响。

一、相　关　知　识

　　人类感知外部客观世界的器官有眼、耳、鼻、舌、皮肤,它们可分别形成人们的视觉、听觉、嗅觉、味觉和触觉。其中,人们获得外界信息量最多的是视觉。物质世界的光作用于视觉系统后所形成的感觉可以分为两类:一类是形象感觉;一类是颜色感觉。国家标准《颜色术语》(GB/T 5698—2001)把"色"定义为"光作用于人眼引起除空间属性以外的视觉特性。用色名或色的三属性来表示的视觉特性"。因此,颜色是光作用于人的视觉系统后所产生的一系列复杂生理和心理反应的综合效果。

　　1. 色觉形成的物理基础

　　颜色视觉简称为色觉,是视觉的重要组成部分,色觉又包括色感觉和色知觉两个方面。色感觉是指眼睛接受色光刺激后产生的颜色感觉,色知觉则是指人们对于有色物体的整体反映。色感觉总是存在于色知觉之中,很少有孤立的色感觉存在。所以,平时我们提到的色觉是建立在色感觉基础上的色知觉。

　　色觉的形成有它的物理基础、生理基础和心理基础。

　　1) 色觉形成的三要素

　　人类生活在五光十色、绚丽多彩的世界里。在阳光下,我们能欣赏到大自然中的红花、绿叶、蓝天、白云,能看到街上的行人身穿款式各异、五颜六色的服装,能看到书店里陈列着的琳琅满目、各色各样的书画报刊。以上种种都是人类产生的色觉。但是在没有光的时候,我们就无法看到这些赏心悦目的颜色。另外,眼睛和大脑不健全的人也无法感知这些美丽的色彩。这说明,要产生色觉,必须具备三个要素:光、彩色物体、健全的视觉器官。图 1-1-1

所示是人的色觉产生的三要素关系图。

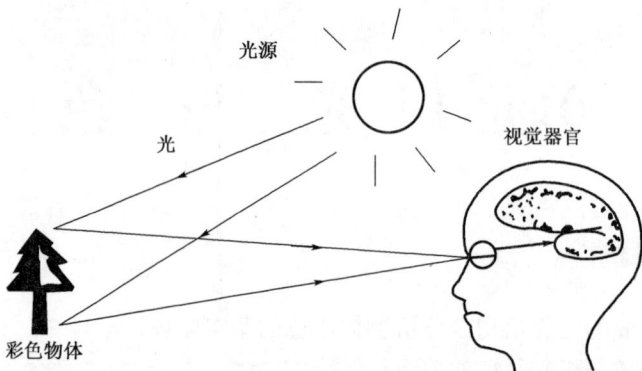

图 1-1-1 人的色觉产生的三要素关系

光照射于彩色物体之上,经过物体对光的吸收、反射或透射之后作用于人的眼睛,再由眼睛中的视神经将信息传递给大脑,大脑得出关于颜色的判断,由此而产生色觉。在这个过程中,光是产生色觉的物理基础,也是产生色觉的第一要素。事实已经证明:只有在光的照射下,人们才能感知物体的形态和颜色,没有光就没有色,光是人们感知色彩的必要条件,色来源于光。简言之,光是色的源泉,色是光的表现。

彩色物体各自具有不同的表面结构,即具有不同的分子类型和不同的分子间结构,从而决定了它们不同的光学特性,可以对投射的光产生吸收、反射或透射等不同反应,这些特性也属于物理学范畴。所以,彩色物体也是产生色觉的物理基础。

视觉器官是由眼睛、视神经和大脑组成的结构总体。其中,眼睛被称为颜色感受器,大脑被称为感觉识别器,视神经则是眼睛和大脑之间的信息传递机构,三者的总和是产生色觉的生理基础。另外,人的大脑在得到了视神经传递的外界光刺激信息后,经过记忆、对比、分析与综合,最后完成对颜色的识别,这是一个复杂的、生理和心理活动相结合的过程,所以,大脑同时还是产生色觉的心理基础。

综上所述,产生色觉需要的物理基础是光和彩色物体,生理基础是人的视觉器官,心理基础则是视觉器官中所包含的大脑。光、彩色物体和视觉器官三者缺一则无法产生色觉。

2)可见光

我们平时所说的"光",是可见光的简称。可见光是指能够在人的视觉系统中引起明亮的颜色感觉的电磁波。

我们有必要在正式研究颜色之前,先对光的本质作一番深入的了解。

(1)光的本质。

光的本质究竟是什么?人类对于这个问题有一个长期曲折的认识过程。17 世纪时,以牛顿(英国,1642—1727)为代表的微粒说占主导地位,与牛顿同时代的惠更斯(荷兰,1629—1695)又提出了与微粒说对立的弹性波动说。19 世纪 60 年代,麦克斯韦(英国,1831—1879)突破旧的波动理论,建立了著名的电磁理论。20 世纪初,爱因斯坦(德国,1879—1955)又提出了光量子学说。几百年中大量的实验结果和理论探索表明:光是十分复杂的物质,对于它的本质问题只能用它所表现的性质和规律来回答。现代科学认为:光在传播过程中表现为波动性,在与物质相互作用时则表现为粒子性。在不同条件下,光分别表现为波动和粒子的特性,称为"波粒二象性",这就是光的本质。

①光的波动性。光是一种电磁波,以横波的形式在空气或其他物质中传播。横波是指振动方向同传播方向垂直的波,如图1-1-2所示。

光在真空中的传播速度是299793km/s,也就是我们平时所说的光速约为30万km/s。光在空气中的传播速度略小于上述数值。描述电磁波的常用物理量是波长λ和频率ν。

波长λ是指沿波的传播方向,两个相邻的波峰之间的距离,常用单位是米(m)。频率ν是单位时间内振动的次数,单位是赫兹(Hz),简称赫,亦可记为次/s。光速c与波长、频率的关系为:$c = \lambda \nu$。

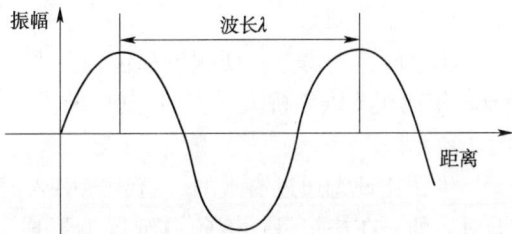

图1-1-2 光波的运动形式

电磁波的范围很广,目前发现波长最长的是交流电波,$\lambda = 10^8 m$,波长最短的是宇宙射线,$\lambda = 10^{-14} m$。可见光波在电磁波谱的中间部位,波长较短,通常采用纳米(nm)作单位,$1nm = 10^{-9} m$。可见光的波长范围在400~700nm之间,如书后插页彩图1所示。

所有的电磁波其本质是相同的,区别在于它们的波长或频率不同,并由此引起的现象上的不同。380~780nm的电磁波,能引起人们视觉上的响应,从而产生明亮的颜色感觉。在可见光的波长范围之内,波长不同,使人产生不同的色觉:从780~380nm,颜色的排列顺序依次是红(R)、橙(O)、黄(Y)、绿(G)、青(C)、蓝(B)、紫(P)。波长在380nm以下的紫外光和X射线,则无法被人眼所见,但它们能使感光材料感光。X射线还具有较强的穿透能力,我们可以利用它来探查人体内脏是否有病变。波长在780nm以上的红外光,人眼也无法看到,但它能被照相镜头聚焦,用来拍摄在雾气笼罩下或黑暗中人眼无法识别的景物。至于无线电波,包括无线电短波、调频电磁波、调幅广播波、无线电长波等,只能靠一些专门的接收仪器来接收,并转换为声能使人产生听觉。

光作为一种电磁波具有波动性,这只是它的特性的一个方面,仅用波动性则无法解释光与物质相互作用时的某些现象。例如,光照能给予物体热量;某些金属受到光的照射后有电子逸出,产生光电效应;曝光后的感光材料会发生光化学反应等。这些现象必须用光的量子性来加以解释。

②光的量子性。1905年,为了解释光电效应现象,爱因斯坦提出了光的量子学说。他认为:光是以光速c运动的粒子流。这些粒子称为光量子,简称光子。每个光子都具有一定的能量,对于频率为ν的光,光子所具有的能量由下式计算:

$$E = h\nu$$

式中:E——一个光子的能量,J;

h——普朗克常数,6.626×10^{-34} J·s;

ν——光的频率,Hz。

对于一定频率的光,光子的数目越多,光的能量越大。光子的能量公式表明:不同频率的光子将具有不同的能量。

光量子的能量公式很明确地揭示了光的波动性和粒子性之间的内在联系。每个光子的能量 E 体现出光的粒子性;频率 ν 则体现了光的波动性,二者由普朗克常数 h 定量地联系在一起。这就意味着光子在具有粒子性质的同时,也具有波的性质。能量公式使我们对光的本质有了更全面、更深入的了解。

(2)光的色散。

①色散与光谱。一切颜色都包含在光里,光是色的源泉。最早揭开这个谜底的是牛顿,1666 年他在英国剑桥大学实验室里,做了一个有名的实验——光的色散实验,如书后插页彩图 2 所示。

牛顿让日光通过窗上的一道狭缝引入暗室,这束光照射到三棱镜上之后,发生了折射。折射后的光在棱镜另一侧的白纸屏上形成了一条彩色光带,色光的排列顺序是红、橙、黄、绿、青、蓝、紫。光带中各种色光由一种色依次连续地过渡到另一种色,彼此并无明显的分界。通常我们把太阳光叫作白光,白光经棱镜分解后成为各种彩色光的现象叫作色散。白光色散后按波长顺序排列而成的彩色光带叫作可见光谱。

色散现象说明:白光实际是由各种色光组成的,这些色光不是由棱镜"创造"出来的,棱镜仅仅是把白光中原已存在着的各种色光加以分解而已。自然界中,雨后天空中的彩虹,就是阳光照射在无数小水珠的曲面上产生的光的色散现象。

②单色光。为了进一步弄清颜色的来源,我们可以设法使色散后的任一色光再次通过一道狭缝,射到另一块棱镜上。这一束彩色光经棱镜折射后只是向棱镜底部偏折,却不再继续分解为其他色光了,如图 1-1-3 所示。

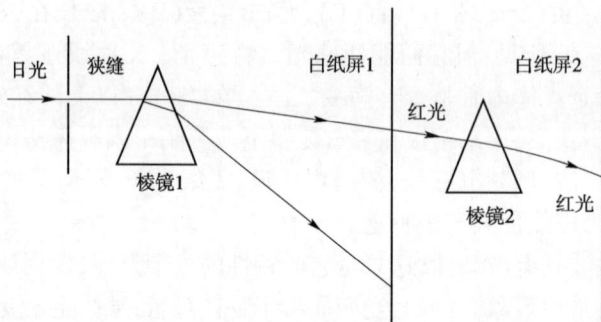

图 1-1-3　单色光的不可分解性

这一实验证明:每一种色光只有一种成分,即只有一个波长。我们把只有一个波长不能再分解的光叫作单色光。真正的单色光并不存在。平时所谓的单色光就是指波长在一定范围内的光,其范围的大小决定了该单色光的单色性。

白光是由不同的单色光组成的。所有的单色光在真空中的传播速度是相同的,但是在物质中,比如棱镜中,传播速度却不同,透过棱镜后发生偏折的程度也随之不同。一般偏折程度随波长而定,波长越短,偏折的程度越大,例如紫光;波长越长,偏折的程度越小,例如红光。波长不同,光的颜色就不同。每一种色光都有一定的波长,即光的波长决定了光的颜色。表 1-1-1 中列出的是可见光谱中常见色光与波长、频率的对应关系。

常见色光与波长、频率的对应关系 表 1-1-1

光色	波长 λ（nm）	代表性波长 λ（nm）	频率 ν（Hz）
红	780 ~ 630	700	4.3×10^{14}
橙	630 ~ 600	620	4.8×10^{14}
黄	600 ~ 570	580	5.2×10^{14}
绿	570 ~ 500	546	5.5×10^{14}
青	500 ~ 470	500	6.0×10^{14}
蓝	470 ~ 420	436	6.4×10^{14}
紫	420 ~ 380	420	7.2×10^{14}

　　组成光谱的各种单色光又叫作光谱色,光谱色是最纯的颜色、最鲜艳的颜色。可见光谱分阶极细,颜色的变化是连续的,相邻的颜色分界用人眼是难以分辨出来的,因此,光谱色只能做粗略的划分,即常说的"日光七色"。但七色中有的单色光波长范围较宽,如红、绿、蓝三种色光,其余的色光波长范围相对比较窄。在色彩学中,为研究方便,一般按以下波长范围划分三个光谱色区:400 ~ 500nm 为蓝光区,500 ~ 600nm 为绿光区,600 ~ 700nm 为红光区。

　　③复色光。如果我们在棱镜和白纸屏之间再加放一块凸透镜,重做前面的色散实验,将会发现:被棱镜分解出来的单色光经凸透镜的汇聚作用后,又重新形成了一束白光,如图1-1-4所示。

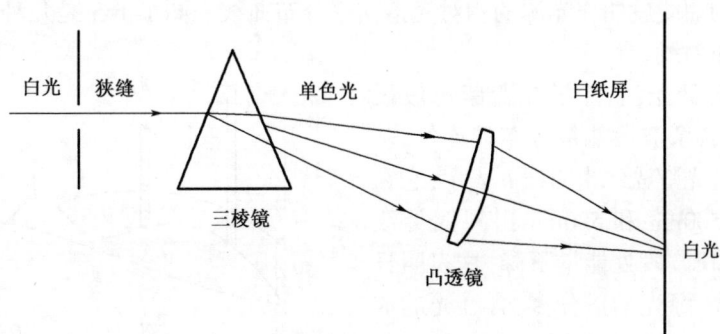

图 1-1-4　色散后的单色光汇聚成白光

　　上述实验再次说明:白光是由单色光复合而成的。我们把由多种单色光混合而成的光叫作复色光。换言之,包含多种波长的光叫作复色光。自然界的日光,以及人造光源如日光灯、白炽灯、氖灯所发出的光都是复色光。由不同光源发出的复色光各有自己的光谱。

　　在以上研究的基础上,我们可以给光的色散下一个更严谨的定义:复色光由棱镜分解为单色光而形成光谱的现象,叫作光的色散。

　　2. 光源及光色特性

　　自然界的物体按其光学特性可分为发光体与不发光体两大类。本身不发光的物体叫作不发光体,自然界中多数物体自身不能发光,如土地、海洋、房屋、植物等均属此类。本身能发光的物体叫发光体,又名光源。光源种类繁多,一般可分为自然光源和人造光源两类。最典型的自然光源是太阳,它是人类在白天的主要照明光源,也是人类生活中最主要的光源。由于自然光源受时间、气候、地点的影响,限制了人类的正常使用,于是人类便不断研制出各种模拟日光颜色的人造光源来满足生活和生产的需要,如早期的火光和后来的电光源。

不同光源下,物体呈现的颜色不同。光源质量从颜色角度考虑主要有色温和显色性两个指标,而决定这两个指标的关键又在于光源的光谱功率分布这个基本特性。

1)光源的光谱功率分布

光源的光谱功率分布既是光源本身光色的决定因素,又是在光源照明下观察物体时影响颜色的重要因素之一。

光源发出的光是由许多波长不同的辐射光组成的,同时由于各类光源的发光物质的成分及发光原理的差异,各个波长的辐射功率(即能量)也不相同。我们把光源的光谱辐射功率按波长的分布状况称为光谱功率分布。一定的光谱功率分布表现为一定的光色。如果光源的辐射光谱中长波段的辐射功率大,该光源的光色就会偏红;反之,辐射光谱中短波段的辐射功率大,则光源的光色就会偏蓝。

(1)相对光谱功率分布曲线。

光谱功率分布可用曲线表示。我们常用的是相对光谱功率分布曲线,而绝对光谱功率分布曲线用得较少。

相对光谱功率分布曲线绘制方法如下:在直角坐标系中,横坐标为光波的波长 λ,纵坐标为各单色光的相对功率值,记为 $S(\lambda)$。通常取波长 $\lambda = 555nm$ 处的辐射功率值为 100 作为参考点,其他各波长的辐射功率值与之比较而得出相应数值。根据各波长对应的相对功率值描点绘成的曲线就叫作光源的相对光谱功率分布曲线。图 1-1-5 是几种常见光源的相对光谱功率分布曲线。

曲线 a 代表日光,它除了在蓝紫色波段能量稍低外,在其余波段能量分布较均匀,基本是白色的。日光灯光源由曲线 b 表示,它在 405nm、430nm、500nm 和 580nm 出现四处线状带谱,而后在长波段处能量下降,这表明日光灯的光含蓝光、绿光的成分多,含红光的成分少。曲线 c 为白炽灯光源,它在短波蓝色波段的辐射能低于日光灯,而在长波红色波段有相对高的能量。因此,白炽灯发出的光带有黄红色。曲线 d 是红宝石激光器发出的光,其能量完全集中在约 694nm 处,看起来是典型的红色光。

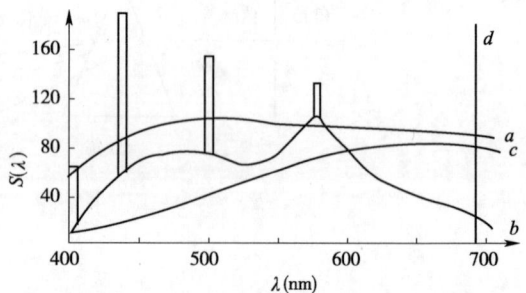

图 1-1-5 常见光源的相对光谱功率分布曲线
a-日光;b-日光灯;c-白炽灯;d-红宝石激光

(2)光源的光谱类型。

光源的相对光谱功率分布曲线描述了光源的发光能量按波长的分布情况,按曲线的形状特点,我们可以把常见光源的光谱分为以下三种类型:

①连续光谱。在整个可见光波长范围内发出包含各种色光在内的连续彩色光带称为连续光谱。一般热辐射光源如太阳、白炽灯的光谱属于此种类型。

②线状光谱。光源只在某几个波长处发出狭窄的、不连续的谱线叫作线状光谱,例如高压钠灯和高压汞灯的光谱等。

③混合光谱。指光源的发射光谱既有连续光谱,又夹杂着线状光谱的情况,如日光灯、

镝灯、氖灯等。

2）光源的色温

光源的光谱功率分布不同,显示出的光色也不同。人们选用了颜色温度这个概念来描述光源的颜色,简称为色温。色温是用温度值来表示光源颜色特征的物理量,是一种比曲线更为简单的光源颜色的数字表示方法。

人们在日常生活中发现,某些黑色物体如铁块、煤块被加热之后,随温度的不断升高,颜色会发生由黑→红→黄→白→蓝的一系列颜色变化。可以认为温度与某些物体的颜色有一定的对应关系,于是人们发明了用温度值表示颜色的方法。衡量光源色温是以绝对黑体的温度与其相应的光谱功率分布作为标准的。

（1）绝对黑体。

绝对黑体是指能100%地吸收任何波长的光辐射的物体,又名理想黑体。但是在自然界中理想的绝对黑体是不存在的,人们设计出的以耐高温金属材料制作的黑体基本接近于绝对黑体,如图1-1-6所示。

这种黑体是一个开有小孔的封闭空腔,内部涂黑,由极小的小孔射入的光线经腔体内的多次反射和吸收,几乎难以射出,近似具有绝对黑体的特点。当将其加热时,随着温度的升高,黑体吸收的能量将以光的形式由小孔向外辐射。人们将黑体辐射出的光谱功率分布及对应的温度值测量记录下来,就得到了绝对黑体的相对光谱功率分布曲线图,如图1-1-7所示。这就使我们有了衡量各种光源色温的标准。

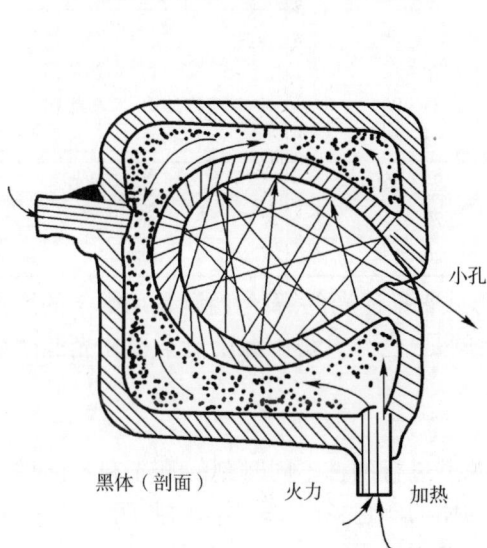

图1-1-6　黑体剖面图

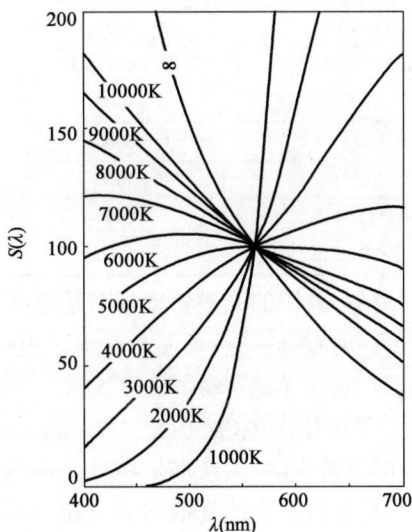

图1-1-7　绝对黑体的相对光谱功率分布曲线

（2）光源的色温。

光源的色温是描述光源本身颜色外貌的一个重要指标。如果某一光源发出光的颜色与黑体在某一温度时发射光的颜色相同,即光源的光谱功率分布曲线与黑体某一温度下的曲线吻合,则黑体的这一温度值即称为该光源的色温。色温采用绝对温度 T 表示,单位是开尔文,简称为开,符号为 K。

绝对温度又称为热力学温度或开氏温度。绝对温度 T 与摄氏温度 t 的关系为：

$$T(K) = t(℃) + 273$$

确定光源色温的具体做法是：先使用光谱辐射计测出待测光源的光谱功率分布并给出相对光谱功率分布曲线，再以绝对黑体的相对光谱功率分布曲线图作为参照标准。两者相比较后，找出与待测光源相吻合的一条曲线，查出该曲线的绝对温度值，该数值即为待测光源的色温数值。

如某白炽灯的相对光谱功率分布曲线与黑体在 3000K 时的曲线相同，则此灯的色温即为 3000K；又如正午的日光色温为 6500K，则说明此时日光的光色与黑体加热到 6500K（6227℃）时发出的光色相同。

并非所有光源的光色都能与黑体加热后形成的光色相同，此时只能选用与黑体最接近的光色来确定该光源的色温。如果某光源发出的光色与黑体在某一温度时发射光的颜色相似，即光源的光谱功率分布曲线与黑体某一温度下的曲线接近，则黑体的这一温度值称为该光源的相关色温。常用光源的色温与显色数值见表1-1-2。

常见光源的色温与显色指数　　　　　　　　　　　　　　　　表1-1-2

光源名称	相关色温 $T(K)$	显色指数 R_a	一般用途
太阳	6000	100	照明
白炽灯（500W）	2900	95～100	室内照明、仪表光源
碘钨灯（500W）	2700	95～100	室内照明、仪表光源
溴钨灯（500W）	3400	95～100	室内照明、仪表光源
日光灯（40W）	6600	70～80	室内照明
高显色性日光灯	5000～7000	90～95	博物馆照明观测颜色
镝灯（1000W）	4300	85～95	室内照明、仪表光源
脉冲氙灯	6000	94～95	室内照明、仪表光源
频闪氙灯	5600	94～95	室内照明、仪表光源
高压钠灯（400W）	1900	20～25	路灯
高压汞灯（400W）	5500	20～25	路灯

显而易见，光源的光谱功率分布是用曲线的形式来描述光色，而色温则是用数字的形式来表示光色，前者直观，后者便于交流。值得指出的是，色温只是用温度值来描述光源颜色的一种量值，它与光源本身的温度无关。

3）标准照明体和标准光源

人们的日常生活、生产都是在日光或人造光源下进行的。不同时刻的日光和不同类型的人造光源，有着不同的光谱功率分布。同一种物体的颜色，在这些不同的照明条件下，将呈现出不尽相同的效果。颜色工作者如果在这些不同的光源下观察、分析和运用颜色，往往难以产生共同的语言和一致的结果。为了统一对颜色的认识，国际照明委员会（简称 CIE）规定了标准照明体和标准光源。

（1）CIE 标准照明体。

标准照明体是指特定的相对光谱功率分布。它们不必直接由光源提供，也不一定能由光源实现。CIE 首先用相对光谱功率分布规定标准照明体，然后再规定标准光源，尽可能地实现标准照明体的相对光谱功率分布。CIE 规定的标准照明体中，有的已被认为将属淘汰之列，如标准照明体 B 和标准照明体 C，在此不做研究。目前常用的品种有：

①标准照明体 A。代表绝对黑体在 2856K 时发出的光，光色略偏黄。

②标准照明体 D_{65}。相关色温约为 6504K 的平均日光。

③标准照明体 D。代表标准照明体 D_{65} 以外的其他日光，又名典型日光或重组日光。

另外，还包括 D_{50}（5003K）、D_{55}（5503K）、D_{75}（7504K）等类型。目前我国辨色场合开始采用 D_{50}，这是一种相关色温 5003K 的典型日光。

（2）CIE 标准光源。

标准光源与标准照明体是两个不同的概念。如前所述：标准照明体是相对于特定的相对光谱功率分布而言；标准光源是指用来实现标准照明体、由 CIE 所规定的人造光源，其中也包括光源的反光、散射装置。因为考虑到随着科学技术水平的不断提高，对灯具和滤光器的改进将会使标准光源更加完美，能更准确地代表标准照明体，CIE 认为对标准光源的规定是次要的问题。

CIE 规定的标准光源中常用的是：

①标准光源 A。色温为 2856K 的充气钨丝灯。

②标准光源 D_{65}。因为至今还没有很理想的人造光源能完全模拟出它的相对光谱功率分布，所以 CIE 至今还未做规定。到目前为止，正在研制的模拟标准照明体 D_{65} 的人造光源中，效果较好的是带滤光器的高压氙弧灯。

③标准光源 D。CIE 至今也没有规定能实现标准照明体 D 的人造光源。目前，尽早研制出标准光源 D 已成为国际光源研究方面的重要课题。

4）光源的显色性

光源的颜色指标除了色温之外，还有显色性。色温表示的是人们直接观察光源时所看到的光源的颜色，而显色性则是衡量光源发出的光照射到物体之后，再显示物体颜色的能力。

人类在长期的生活、生产实践中，已习惯于在日光下识别颜色。尽管日光的色温会随着气候和时刻的不同而产生变化，但人眼的辨色力依然是比较准确的，所以日光具有最好的显色性。

（1）光源的显色性及其表示方法。

光源的显色性是指与参考标准光源相比较时，光源显现物体颜色的特性。按照 CIE 规定：待测光源色温低于 5000K 时，用绝对黑体作为参考标准光源；待测光源色温高于 5000K 时，采用标准照明体 D 作为参考标准光源。

通常，显色性的好坏用显色指数 R_a 作定量的评价。显色指数是光源显色性的度量，以被测光源下物体的颜色和参考标准光源下物体颜色的相符程度来表示。CIE 规定：参考标准光源的显色指数 $R_a=100$。当某光源的显色性与参照标准光源相同时，则该光源的显色指数为 100。被测光源的显色性与参考标准光源相比有差异时，其显色指数 $R_a<100$。显色指数越接近 100，光源的显色性越好。通常，R_a 值在 75～100 之间的光源属于显色性优良的光源；R_a 值在 50～75 时，显色性一般；$R_a<50$ 时，则为显色性差。常见光源的显色指数 R_a 值见表 1-1-2。

光源的显色性是由光源的光谱功率分布决定的。一般说来，凡具有连续光谱或混合光谱的光源，都具有良好的显色性，因为显色性最好的日光的光谱便是连续光谱，我们选用的参考标准光源的光谱便是模拟并接近日光的光谱。

（2）几种光源的显色性能。

光源的色温和显色性是衡量光源颜色品质的两个重要指标，但色温是衡量光源本身光色的指标，显色性则是衡量光源视觉颜色质量的指标。相比较而言，如果色温处于人们所习惯的范围之内，则显色性应成为光源品质的更为重要的一个指标，因为它直接影响人们所观察的物体的颜色。常用的钨丝白炽灯、金属卤化物灯、镝灯、氙灯的显色指数均符合要求。日光灯的显色指数为 70～80，略低于上述要求，但综合其他因素来看，它在混合光谱类光源中属于显色性较好的一种，而且有比较省电、价格低廉的优点，故此仍被普遍用于许多辨色场合的照明。至于高压钠灯与高压汞灯，虽然比荧光灯还要省电，由于它们的显色指数太低，故此只能用于道路照明等，不能用于各种辨色场合。

3. 色觉形成的生理基础

视觉器官是由眼睛、视神经和大脑组成的，它们是形成色觉的生理基础。人的眼睛是视觉器官的重要组成部分，又被称为颜色感受器，它每天承担着繁重的捕捉外界色光信息的工作。从人们每天清晨醒来睁开眼那一刻开始，直到人们休息时闭上眼为止，眼睛一直在从事着观察、搜集光信号的工作，并把得到的色光信号通过视神经迅速传送给颜色识别器——大脑，从而产生各种色觉。如果没有眼睛的辛勤工作，人类也就无从感知光与色了，人们的信息获得量将会大大减少。可见，眼睛对于我们是多么重要。作为一名从事颜色调配工作的人员，了解一些有关眼睛的结构及功能的知识是十分必要的。

1）眼球构造及各部分主要功能

人的眼睛是一个近似球状体，前后直径为 23～24mm，横向直径约为 20mm，通常称为眼球。眼球是由眼球壁和眼球内容物两部分物质构成的，如图 1-1-8 所示。

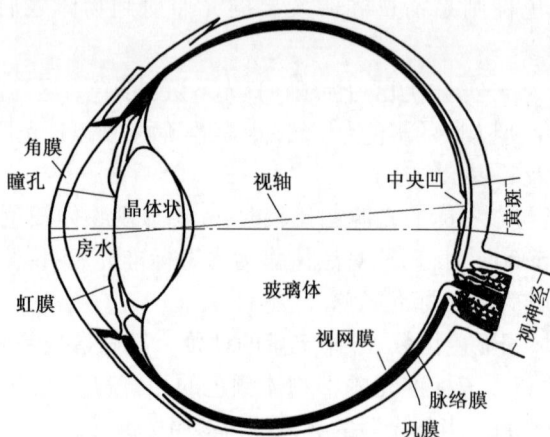

图 1-1-8　眼球构造示意图

（1）眼球壁。

眼球壁由三层质地不同的膜组成。

①角膜与巩膜。眼球壁的最外层是角膜和巩膜。角膜在眼球的正前方，约占整个眼球壁面积的 1/6，是一层厚约 1mm 的透明薄膜。角膜的作用是将进入眼内的光线进行聚焦，即

折射并集中进入眼球的光线。巩膜是最外层中、后部色白而坚韧的膜层,也就是我们的"眼白",它的作用是保护眼球。

②虹膜和脉络膜。虹膜和脉络膜组成了眼球壁的中层。虹膜是位于角膜之后的环状膜层,其内缘称为瞳孔,它的作用如同照相机镜头上的光圈,可以自动控制入射光量。虹膜可以收缩和伸展,使瞳孔在光弱时放大,光强时缩小,直径可在 2~8mm 范围内变化。脉络膜紧贴巩膜的内面,是含有丰富黑色素的膜层。它如同照相机的暗箱,可以吸收眼球内的杂散光线,保证光线只从瞳孔内射入眼睛,以形成清晰影像。

③视网膜。这是眼球壁最里面的一层透明薄膜,贴在脉络膜的内表面,厚度为0.1~0.5mm。视网膜上面分布着大量的视觉感光细胞,是眼睛的感光部分,其作用如同照相机中的感光材料。外界物体的光信号在视网膜上形成影像,并由此处的视神经内段向大脑传送信息。

(2)眼球内容物。

眼球内容物包括晶体、房水和玻璃体,它们的一个共同特点是透明,可以使光线畅通无阻。

①晶体。晶体又名水晶体或晶状体,是有弹性的透明体,形状如双凸透镜,作用如同照相机的镜头。它能由周围肌肉组织调节厚薄,根据观察物体的远近自动拉扁减薄或缩圆增厚,对角膜聚焦后的光线进行更精细的调节,保证外界物体的影像恰好聚焦在视网膜上。

②房水和玻璃体。角膜与晶体之间充满了透明的液体房水。晶体的后面则是透明的胶状液——玻璃体。由角膜、虹膜、房水、晶体和玻璃体等共同组成了一个接收光线的精密的光学系统。当外界物体发出的光线通过上述光学系统后,便会在视网膜上聚焦成像。视网膜上的视觉感光细胞接受了光刺激后,迅速将信息通过视神经传递给大脑的视觉中枢,就产生了物体大小、形状及颜色的感觉和知觉,即形成了视觉。

2)视网膜构造及视觉功能

视网膜是眼睛的感光部分,上面分布着大量的视觉感光细胞,这些细胞根据形状分为锥体细胞和杆体细胞,如图 1-1-9 所示。

人的一个视网膜上大约有 700 万个锥体细胞和 12000 万个杆体细胞。在与瞳孔相对的视网膜中央部分有一个锥体细胞密集区域,该区域为黄色,直径为 2~3mm,称为黄斑。黄斑中央有一凹处,叫作中央窝或中央凹,这是人的视觉最敏锐的地方。黄斑区内几乎没有杆体细胞,但离开黄斑则杆体细胞量急剧增大,锥体细胞大大减少。锥体细胞与杆体细胞不但形状、数量和分布区域不同,而且具有不同的功能,被称为视觉二重功能。视觉二重功能包括由视网膜中央的锥体细胞产生的明视觉和视网膜边缘的杆体细胞产生的暗视觉。

(1)锥体细胞与明视觉。

锥体细胞外形呈锥状,是明视器官。它们的感光灵敏度较低,只有在光亮的条件下,才能分辨物体的颜色和细节,执行颜色视觉功能。如

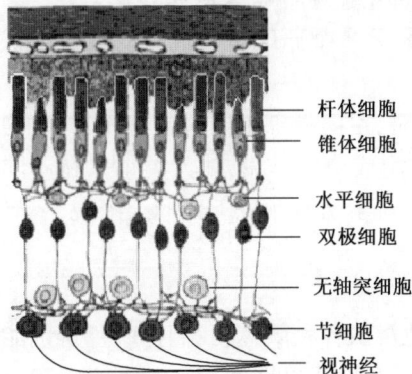
图1-1-9 视网膜结构

杆体细胞
锥体细胞
水平细胞
双极细胞
无轴突细胞
节细胞
视神经

果亮度较低,人们便无法分辨物体的颜色和细节,因为此时锥体细胞已经失灵,不再具有工作能力了。另外,当光作用于视网膜锥体细胞密集的中央窝时,视觉最敏锐。当观察对象偏离中央窝时,随着偏离程度的增大,视觉灵敏度会逐渐降低。可见,锥体细胞的数量及分布状况决定着视觉灵敏程度。所以,明视觉是指在光亮的条件下,由锥体细胞起作用的辨认物体细节和颜色的视觉。明视觉也称为锥体细胞视觉。

人的视网膜上的锥体细胞分为感红、感绿、感蓝三种类型。眼睛看到的任一种颜色都是色光引起这三种感色细胞不同程度的兴奋合成的,当光刺激能同时引起三种感色细胞兴奋时,会产生白色的感觉;当光刺激只引起感红细胞兴奋时,会产生红色的感觉;当光刺激引起感红、感绿两种细胞同时兴奋时,则会产生黄色感觉。锥体细胞退化或机能丧失者的视网膜中央部位是全盲的,同时也是全色盲。另外,昼视动物一般都能分辨颜色,它们的视网膜上只有锥体细胞,没有杆体细胞,如大多数鸟类。作为颜色调配工作者,应注意明视觉的特点,在工作中注意扬其长而避其短。在观察和评定色彩时,首先,应在照明良好的环境中进行,除了光源的色温和显色指数要达到规定的标准外,照度范围应在 500~1500lx 之间,视被观察样品明度而定。其次,应自动调节被观察部位的距离和角度,使之正对着瞳孔,以便使物体影像恰好聚焦在视网膜的中央窝处,这样才能清晰准确地观察评价色彩。

(2)杆体细胞与暗视觉。

杆体细胞形状细长,分布于除黄斑区外的整个视网膜上,它们是暗视觉器官。杆体细胞的感光灵敏度较高,可以接收微弱光线的刺激信号,使我们仍能在较暗的环境中如月光下观察到物体的存在,分辨物体的明暗和轮廓。这种在较暗的条件下,只有明暗感觉没有颜色感觉的视觉称为暗视觉。因为是视网膜周边地区的杆体细胞所起的作用,也叫作杆体细胞视觉。夜视动物如许多爬虫类动物都是色盲,在它们的视网膜上,只有杆体细胞,而无锥体细胞。

具有正常视觉的人,在亮度达到 $3cd/m^2$ 以上时,主要依靠锥体细胞起作用,可以看到不同明暗的各种颜色,尤其是对黄绿性最强。在亮度降低到 $10^{-3}cd/m^2$ 以下时,则由杆体细胞接替锥体细胞开始工作。此时,人眼便看不出颜色,即使是观察鲜艳的可见光谱图,也只能看到一组明暗不同的灰色条纹。实验表明,杆体细胞对 510nm 处的蓝绿光比对其他色光更敏感些。照相人员在暗室中处理全色胶片时,由于胶片对各种色光都会感光,所以在最初选择安全灯时颇为困难。后来根据以下两方面因素决定选用蓝绿灯做全色片的安全灯。一个原因是人的暗视觉对所有色光中的蓝绿色光最为敏感;另一个原因是全色片恰对蓝绿色光感光较迟钝。

当眼睛的适应亮度介于明视觉与暗视觉范围之间时,由两种细胞同时起作用,此时的视觉称为中间视觉。由于锥体细胞与杆体细胞的交替作用或协同作用,使人类得以在不同光照条件下,随时观察自然界各种物体的形状和颜色。但对于从事颜色工作的人来说,主要研究锥体细胞的功能和明视觉的作用。

3)异常色觉

绝大多数人都具有健全的视觉器官,都能够准确地辨认各种颜色,我们把颜色辨别能力正常的人称为正常色觉者或三色觉者。但也有少数人,据统计男性为 5%,女性为 0.8% 不能正常辨别各种颜色,这种人称为异常色觉者。

异常色觉者的视网膜上缺乏锥体细胞中三类感色细胞中的某一种,或者是负责传递某种颜色信息的视神经出了故障,不能传递颜色信息,这两种情况都能导致辨色困难。由上述原因造成的异常色觉又分为色盲和色弱两种。

所谓色盲,是指不能分辨颜色,即辨色能力丧失。轻度的异常色觉,辨色能力较差则称为色弱。如果视网膜上缺乏感红细胞,或是负责传递红色信息的视神经出了故障,不能分辨红色者为红色盲;因上述类似原因不能分辨绿色者为绿色盲。此外还有红绿色盲、黄蓝色盲。三种颜色都无法辨认者则为全色盲。全色盲主要依靠杆体细胞视觉,他们在观看光谱时没有任何颜色之分,只看到一条明暗相间的灰色光带,正如我们色觉正常的人看黑白电视一样的感觉。

异常色觉多是先天遗传引起的,所以多数异常色觉者并不知道自己有色觉缺陷。平时,他们用正常色觉者相同的词汇去称呼他们所看到的颜色,而他们产生的色觉实际上同正常色觉并不完全相同。例如红旗的"红"色,在红色盲看来是土黄色的,但他们可以把旗子的形状及别人对其颜色的说法融合到自己的大脑中,从而正确地说出这种熟悉物体的常见的颜色。一旦脱离开这些熟悉的外形、环境、用途等有助于判断的依据,异常色觉者便无法准确辨别颜色了。通常在体检时可以用色盲检查图发现异常色觉。异常色觉者不宜从事与颜色打交道的工作,如交通运输、化工、印染、美术、医学等。油漆调配技术的任务是精确调配各种颜色,所以要求调色人员应具有较高的辨色能力,异常色觉者均不适合从事这项工作。

4. 颜色心理因素

形成色觉有三个要素:光、彩色物体、视觉器官。它们的特性与功能涉及三个科学领域:第一个要素光和第二个要素彩色物体,它们都是人体外部客观存在的物质,可以对人产生各种物理刺激,这种刺激量的大小能够用各种仪器进行测量,是受物理法则支配的物理学系统。第三个要素视觉器官,首先是眼睛中的视网膜受到光刺激后,将信息通过视神经传送到大脑,这是受生理学法则支配的生理学系统。大脑依据储存的经验、记忆和对比,识别这些传递来的信息,这是按心理学法则实施的心理学系统。从色彩研究角度看,人形成的色觉结果常带有一定的主观性,不完全服从物理学规律。这是人类在自然环境中长期生活所具有的适应性和保护性所造成的。由于人类生理和心理上的这种适应性,从而造成色彩调配的复杂性。作为调色人员,必须了解其中的一些常见规律。

1)适应性

由于光对眼睛的持续作用,而使视觉感受性发生变化的现象称为适应性。适应性包括亮度适应和颜色适应。

(1)亮度适应。

人眼的特有功能之一是:可以在照明条件相差较大的情况下工作。也就是说,既能够在阳光强烈的中午或灯光明亮的车间里观察物体,也能在朦胧月色或微弱灯光下观察物体。当照明条件改变时,眼睛通过一定的生理调节过程对光的亮度进行适应,以获得相对清晰的影像,这个过程称为亮度适应。这里的生理调节过程包括虹膜的收放和视觉二重功能的更替两个方面。亮度适应又分为暗适应和明适应两种情况。

①暗适应。当光线由亮变暗时,人眼在黑暗中视觉感受性逐步增强的过程叫做暗适应。最常见的例子是我们看日场电影时,从明亮的阳光下走进已开演的影院内。刚开始眼前漆

黑一片,过几分钟后,能够隐隐约约看到观众的影子。十几分钟后,基本适应了周围的环境,甚至可以借助银幕影像的微弱的光看清椅背上的号码。在这个过程中,一方面虹膜中的瞳孔自动放大,由 2mm 逐步扩大到约 8mm,使进入眼内的光线增加数倍;更重要的一方面是视觉二重功能的转换,即在黑暗中由锥体细胞视觉转变为杆体细胞视觉,由明视觉转变为暗视觉。经测定,人在黑暗中停留 15min 后,视觉感受性可比开始时提高数万倍。

②明适应。当光线由暗转亮时,视网膜对光刺激的感受性降低的过程称为明适应。例如我们看完日场电影后走出影院,来到日光下,起初会感到强光耀眼,但很快便能看清周围的景物。在这短短的约 1min 时间内,虹膜迅速收缩使瞳孔缩小,控制入射光量。同时锥体细胞迅速发动起来取代杆体细胞工作,此时,明视觉代替了暗视觉,人们又能看清各种物体的颜色和细节了。人眼感光灵敏度变化的一般规律是:感光灵敏度降低时快,即明适应所需时间短;感光灵敏度提高时慢,即暗适应需要的时间长。

(2)颜色适应。

当人眼对某一色光适应后,马上观察另一物体色时,后者的色彩会发生变化,而带有与原来色光相反的颜色效果,需经过一段时间的适应后才会获得物体客观的正确的色觉。我们把先看到的色光对后看到的颜色的影响所造成的色觉变化叫作颜色适应。例如,一个戴着淡蓝色眼镜的人,初看外界物体时都偏向于镜片的蓝色。但经过几分钟后,他又会感到外界景物的颜色恢复到近似原来的真实色彩。当他刚摘下有色眼镜时,周围景物的颜色会带有与淡蓝色相反的淡黄色的倾向,这就是颜色适应现象。颜色适应对从事颜色调配工作的人员会产生不利的影响,在工作中应加以注意。比如先后在两种不同色温的光源下观察颜色时,必须考虑到前一种光源对人的视觉的影响。

(3)色觉恒常性。

颜色适应的结果是产生色觉恒常性。戴有色眼镜的人经过了颜色的适应阶段后,外界景物会渐渐恢复其本来的颜色,这就是产生了色觉恒常性。也就是说,在照明和观察条件发生一定的变化时,人们对物体的颜色感觉保持相对稳定的特性叫作色觉恒常性。白天阳光照射下的煤块反射出的光量比月夜里白雪反射出的光量还大些,但在我们的视觉上,还是认为雪是白的,煤块是黑的。因为常见到的物体给我们留下了包括颜色、形状等多方面的印象,以后再遇到我们经验过的东西,都会通过记忆中的印象去观察,带有一定的主观色彩倾向,即带有“先入为主”的成分。这表明物体的颜色不仅取决于光、彩色物体、人眼的特性,也受到人的知识经验的影响,即大脑产生的心理作用。

人类的色觉恒常性使我们对千变万化的色彩有一个大体的认识,有利于人们进行颜色认识上的交流。但也有不利的方面,对于从事颜色调配的人员来说,因为有了颜色适应、色觉恒常性这些心理因素的影响,要想用目测的方法准确地对比色彩是不可能做到的,只能借助有关仪器设备来完成。

2)颜色感觉

颜色通过视觉的作用后会引起对某些事物的联想而产生连锁心理反应,形成相关联的心理影响,这便是色彩的感觉。这种感觉经常会左右我们的情绪、情感、思想及行为,因此,色彩具有不可忽视的心理作用。约翰·伊顿在《色彩艺术》一书中写道:“色彩就是力量,就是对我们起正面或反面影响的辐射能量,无论我们对它觉察与否。”

（1）冷暖感。

颜色本身并无温度的差别，但是不同的颜色给人的冷暖印象却不相同，便形成了色彩的冷暖感觉，这是色彩的感觉中最为敏感的一类。通常波长短的颜色如青色、蓝色等会使人联想到水、天空、海洋、冰川等物体，使人感到凉爽、寒冷，这类颜色被称之为冷色。波长比较长的颜色如红色、橙色、黄色等，可以使人联想到温暖的东西，如红色的火焰、金色的阳光，产生暖与热的感觉，这类颜色被称为暖色。与上述颜色相比，绿色、紫色、白色、灰色、黑色、金色、银色等给人的感觉是不冷不热的，这些色彩被称为中性色。

在实际运用中，多数色彩的冷暖并非固定不变，而是相比较而言的。例如紫色与青色相比显得暖，但它与红色相比时又会显得冷；黄色与红色相比感觉冷，与蓝色相比则显得暖；绿色与黄色相比显得冷，与青色相比又会感觉暖。

（2）远近感。

观察同一平面上的色彩，会发现颜色离我们的远近程度似乎并不相同，这就是色彩的远近感。一般，白、黄、橙、红色等比较明亮温暖的颜色看上去比实际距离显得更近，称为似近色。它们给人一种前冲、迫近的感觉，又名前进色。而另一些比较暗的冷的颜色使人感觉比实际距离显得更远，称为似远色。它们会给人后退和远离的感觉，又名后退色。当似远色与似近色并置时，便在同一平面上形成前后空间层次感和立体感。

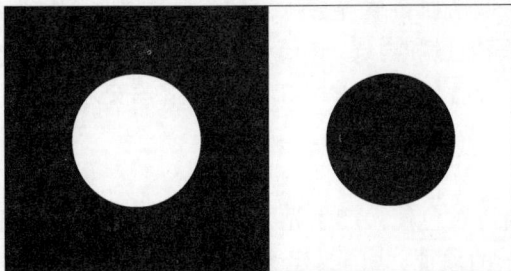

图 1-1-10　大小感示意图

（3）大小感。

面积同样大小的不同颜色看上去感觉它们的大小是不同的，这就是所谓的大小感。如图 1-1-10 所示。

同样大小的图形只是一黑一白，同时看去却使人以为白圆的面积大于黑圆。另外，鲜艳的、明亮的红、橙、黄色与白色一样，使人感觉比同样面积的其他深色物体显得大些。这一类看上去比实际物体显得更大的颜色称为似胀色。绿、青、蓝、紫色会产生同黑色类似的效果，这些看上去比实际物体显得更小的颜色称为似缩色。法兰西共和国成立时的第一面国旗设计为红、白、蓝三色宽度相等，但是人们看去总以为三色宽度不同，即白色最宽、蓝色最窄。为了调节人们的视觉误差，设计者将三色宽度比例逐步调整为红∶白∶蓝 = 33∶30∶37 时，才使观察者感觉三色等宽，从而获得了国旗的均衡感与庄重感。

（4）轻重感。

人们对轻重的体验主要是通过触觉，但事实上视觉也会参与对质量的判断。同样大小和质量的两个箱子，一个涂成白色，另一个为黑色，结果实验者一致认为白色的箱子更轻一些。原因是白色使人联想到天空的白云、海中的白帆、棉花羽毛等物体，有一种上升、轻飘的感觉，而黑色使人联想到煤、铁、石头等物体，产生了坚硬、沉重、下降的感觉。通常明亮的颜色如浅蓝、浅黄、浅绿、浅红等颜色感觉轻，最轻的是白色。深暗的颜色如棕色、深红、墨绿、深蓝等色感觉重，最重的是黑色。一幅画面如果上半部分色彩比较明亮鲜艳，下半部分颜色深沉暗淡，就会使整个画面具有稳定感；反之会使人感觉头重脚轻。色彩除了上述各种感觉外,还有其他一些感觉,例如味道感。一般红、黄、绿色接近食品中美味新鲜的糕点、水果、蔬菜,所以给人一种香甜、清新、可口的感觉;而蓝、紫等色使人感到苦涩,在设计食品包装时极少使用。色彩还会让人产生疲劳感,例如鲜艳而杂乱的色彩环境会使人兴奋、眼花缭乱,很快会心情烦躁、感到疲劳。原因在于视觉器官中的三种感色细胞受到强烈刺激发生疲劳,不能及时恢复其功能。一般说来暖色比冷色更易使人产生疲劳感。所以表现欢腾热闹的场面一般使用红、黄色等暖色;表现宁静安适的环境时一般采用冷色。

3)颜色感情与象征

色彩作为一种物理现象,本身是不具备情感因素的。但是人们在日常生活与生产过程中,会在许多感性认识基础上积累各种体验,形成对不同色彩的情感联想。某一色彩所获得的情感体验,经常是与特定的事件联系在一起的。所以色彩与人们情绪之间的联系往往会因人、因事、因地而异,是复杂多样的。总结大多数人的感受规律,并赋予某种色彩以特定的内容,这样每种颜色就具有了它们的代表性的抽象含义,即色彩的感情与象征。许多国家和民族都赋予色彩象征性的意义,以代表身份、地位或宗教思想的象征。有些色彩的象征性是国际共通的,也有些则是民族个性化的东西。下面谈谈常见色彩的感情与象征。

(1)红色。

红色可以使人联想到太阳、火焰、鲜血,产生温暖、热烈、兴奋、炽热、跳跃、伤亡、危险之感,可以使人联想到光明、辉煌、喜庆、紧急、牺牲、浴血奋战等意味,具有吉利、祛邪、革命、战斗、胜利、警戒、鼓舞、光荣的象征,可以使人充满力量和勇气。

许多国家的国旗都使用了红色成分。另外,各国普遍采用红色信号指挥交通,表示危险、禁止的意义。

(2)黄色。

黄色是阳光的颜色,是成熟果实的颜色,所以黄色使人产生光明、温暖、丰收、安全之感,被赋予高贵、豪华、辉煌、华丽、喜庆、兴旺、欢乐的象征,我国封建帝王以黄色作为皇权的象征,西方国家则作为智慧、知识的象征。

但灰暗的黄色具有消极的意味。无边的沙漠使人产生荒凉、寂寞、孤独、绝望之感。枯黄的秋叶、黄昏的时光代表着即将结束的生命,人的脸色发黄常常是病态的象征。所以黄色有时具有消极、衰落、伤感、失败、绝望的意义。在西方,由于圣经故事中出卖耶稣的叛徒犹大身穿黄袍,所以在基督教国家中,黄色还是背叛、野心、狡诈的象征。

(3)绿色。

绿色是春天的颜色,是植物的颜色,意味着大自然的生长和发育,象征着生机、活力、青春、希望、安宁、和平。

国际上将绿色的橄榄枝与和平鸽一起作为和平的标志。国际著名的、倡导以非暴力的和平方式解决国内外争端一级保护生态平衡组织,就被称为绿色和平组织。国际通用绿色作为交通指挥中的安全标志。

暗绿色则可能会产生空虚、凄凉、胆怯、憎恶的感情。

(4)蓝色。

蓝色是大海的颜色,给人以博大、宽广、深邃之感,被赋予理智、朝气、活力、高贵、尊严、真理、智慧之象征。在西方,蓝色象征贵族,所谓"蓝色血统"即指出身名门贵族之意。

蓝色中减去红色成分即成为青色,是明澈天空的颜色,给人以纯洁、宁静的感觉。"青出于蓝胜于蓝"说明青包含于蓝中,但比蓝更为纯净、明亮。具有悠久历史和民族韵味的传统青花瓷器与蓝印花布,都采用了单纯的青色与蓝色图案,非常朴素大方、纯净高雅,深受大众喜爱。

灰暗的蓝色有一定的消极含义,大面积的暗蓝灰色调能够营造一种忧郁、静寂、凄凉、贫寒、悲惨、阴森恐怖的场面。

(5)品红色。

品红色在生活中常被称为桃红色,它不具有红色的那种饱满热情,而倾向于艳丽、华贵、幸福、美好。由于比较明亮,缺少力度,也常给人一种娇艳、轻浮、悲凉之感。

(6)紫色。

紫色象征庄重、高贵、优雅、尊敬、委婉、孤傲、神秘。自古至今,无论东方还是西方,紫色都被作为一种高贵华美,卓尔不群的颜色,西方的紫色门第意味着名门望族。中国封建时代高官才可身着紫袍,表示官职显赫、威严神圣。

紫色还可代表不安、疑难、阴暗、悲哀、惨淡、凄凉、卑劣等因素,浓艳刺目的大面积紫色有庸俗的意味。

中国战国时期大思想家邹衍首先提出来的阴阳五行思想学说中,其象征性色彩表达的是中华民族固有的色彩观念与思维方式。阴阳五行中的金、木、水、火、土与青、红、黄、黑、白相对应:青色代表东方、龙、春天、森林、酸味、肝脏等;红色象征南方、鸟、夏天、苦味、太阳、阳气等;白色象征西方、虎、秋天、辛味、风等;黑色象征北方、龟、蛇、冬天、咸味、水等;黄色代表中央、土地、甘味、皇帝、心脏等。

这些色彩的象征意味并非出于视觉的美感,也不是为了传达感情,而是与象征文字一样,所表达的完全是抽象的意义或某种特定的精神。

4)色彩运用注意事项

色彩在平时生活中的运用属于个人行为,由于每个人的年龄、性别、性格、民族、地域、经历、观念、文化素养等诸多因素的不同,人们对色彩的选择与偏爱常有区别,但也具有一定的共性与稳定性。美国色彩专家切斯金认为,支配人们选择色彩的三个因素:第一是个人爱好,占20%;第二是体面的维持、自我与环境的调整,占40%;第三是对快乐的追求、对时尚的向往,占40%。

(1)年龄与性格。

儿童和年轻人多数喜欢鲜明、活泼的颜色,如红色、黄色、蓝色、绿色等;中老年人则多数喜欢稳重沉着、朴素大方、含蓄内敛的颜色,如棕色、灰色、白色、黑色、蓝色等。从性格上看,一般喜欢红色的人性格奔放、感情外露,并且是现实的享乐主义者;喜欢绿色的人是理性、朴素、性格平和的人;喜欢蓝色的人具有浪漫、感性的特点,并注重精神生活;喜欢橙色的人一般缺乏自主性,比较随和;喜欢紫色的人性格多孤傲、浪漫、忧郁、性格内向;喜欢深棕色与黑色的人冷静、稳重、固执,性格内敛,有的比较自卑;喜欢白色的人单纯、开朗、活泼,遇事易冲动。

(2)地域和国家。

东西方的人对颜色的偏爱也有不同,如大多数亚洲人喜欢红色、绿色,而欧洲人对蓝色系比较偏爱。欧美人以黑色为丧服的颜色,白色结婚礼服表示贞洁。中国人则以白色作丧事的主色,以红色作为喜事的主色调。法国男子喜欢蓝色,女子喜欢粉红色,但是都反感墨绿色,因为是纳粹军服的颜色。德国人喜欢鲜明的颜色,还认为黑色是吉祥之色,却不喜欢深蓝色和茶色。意大利、奥地利人认为绿色高贵。罗马与希腊人认为黄色吉祥。部分国家和地区对色彩的喜好与禁忌见表1-1-3。

部分国家国民对色彩的喜好与禁忌　　　　　　　　表1-1-3

国家和地区	喜欢的色彩	色 彩 禁 忌
法国	蓝色、粉红、灰色	墨绿色
意大利	红、绿、黄、蓝、茶色、鲜艳色	紫色
瑞典	黑色、黄色、绿色	蓝色
荷兰	橙色、蓝色	—
瑞士	红、黄、蓝、红白相间	黑色
德国	鲜艳色、黑色	茶色、深蓝
伊拉克	红、蓝	黑、橄榄绿
叙利亚	青、蓝、绿、红花	黄色
埃及	绿色	蓝色
印度	红、橙、黄、蓝、绿	黑、白、紫
日本	红、粉红、青、鲜艳色	绿、黑
美国	黑、黄、青、灰表示东、南、西、北;色彩表示大学的专业:白色为文学,青色为哲学,绿色为医学,紫色为法学,黄色为理学,橙色为工学,粉色为音乐,黑色为美学;颜色还用来表示月份	
英国	金色与黄色表示荣誉和忠诚,银色和白色象征纯洁,红色代表勇敢与热情,青色代表虔诚与诚实,绿色象征青春和希望,紫色象征权威和高位,橙色象征力量和忍耐,黑色代表悲哀和悔恨	

(3)时代特征。

随着时间的推移及社会风尚的变化,由于不同时代在社会制度、意识形态、生活方式等方面不同,人们的审美意识与水平也不同,对色彩的爱好与使用也随之不断调整。过去有些认为不和谐的色彩搭配现在被认为是新颖美丽的配色。战争年代一般喜欢浓厚强烈的色彩,如旗帜的红与军装的暗绿;和平年代则喜欢明亮淡雅的色彩。第二次世界大战以后为了表示对遇难者的哀悼,很多人身着黑色服装。当某些色彩被赋予了时代精神的象征意义,符合人们的认识、理想、观念、兴趣、爱好、欲望时,这些色彩便会流行开来,由此就产生了国际流行色或某一区域内的流行色。艺术设计行业人员必须关注时下的流行色,因为流行色代表了大多数人在特定的时代背景下,对于色彩的审美爱好与意象。一般规律是:长期流行红、蓝色调后,人们会转而向往绿、橙色调;长期流行淡色调后,大家又会向往深色调;长期流行鲜明色调后,人们会追求沉着色调;暖色调流行过后,冷色调会取而代之。近年的国际流行色多是选择大自然的色彩:宇宙色、海洋色、原野色等。这是由于人们对生活环境被严重污染和破坏的抗议,对被侵害的大自然的怀念和向往。所以研究色彩的运用必须考虑时代感的因素。其次还应该考虑到政治宗教等因素,例如英国两党角逐的政坛上,天蓝色是保守党的象征,红色则是工党的象征,保持中立的皇室代表人物一般尽量避免使用这两种颜色。

在现代商业竞争中,消费者对商品本身与外包装的色彩的喜好往往成为决定是否购买的重要因素。所以,在设计过程中,一方面要根据产品种类、用途、性能等方面考虑色彩的使用,但是掌握消费者对色彩的喜好心理倾向和流行色等因素,都是不可忽视的重要方面。

二、光的色散实验

1. 实验目的

使学生了解光的色散过程,认识可见光谱、单色光、复色光及光谱色,为下一步学习色光加色法打下基础。

2. 实验用品

(1)三棱镜 2 个。

(2)凸透镜 1 个。

(3)白纸屏 2 个。

(注:该实验需在暗室中进行。)

3. 实验项目

1)光的色散

(1)让一束白光穿过一道狭缝,射到一个三棱镜上,观察在三棱镜另一侧白纸屏上出现的彩色光带——可见光谱。

要求学生注意各色光的排列顺序,体会组成光谱的色——光谱色是最鲜艳的颜色。

(2)缓慢地转动三棱镜的角度,可重复几次,观察光谱中各色光宽度及变化。

2)单色光特性

在已形成可见光谱的纸屏上任一色光处开一狭缝,让色光通过狭缝射到另一个三棱镜上,观察通过第二个三棱镜后色光的角度及颜色有无变化。

要求学生理解单色光不能再被分解的特性。

3)复色光的组成

在第一个实验的三棱镜与白纸屏中间放一个凸透镜,观察色散后的单色光经凸透镜聚光后在白纸屏上的光色。

要求学生理解复色光是由单色光复合而成的。

4. 观察记录及实验结论(表 1-1-4)

观察记录及实验结论   表 1-1-4

实验内容与步骤	主要现象及结论
1. 光的色散 步骤:	
2. 单色光特性 步骤:	
3. 复色光的组成 步骤:	

三、单 元 练 习

1. 什么是色觉？形成色觉的三个基础和三要素各是什么？

2. 简述光与色的关系。

3. 什么是可见光？其波长范围是多少？

4. 解释下列名词：色散、光谱、单色光、复色光。

5. 什么是光谱功率分布？根据光谱功率分布曲线可将光源分为哪几类？

6. 什么是光源的色温和相关色温？

7. 简述光源显色性和显色指数。

8. 什么是标准照明体和标准光源？

9. 简述眼球中角膜、晶体、虹膜、脉络膜、视网膜五部分的位置关系及主要作用。

10. 试从数量、形状、分布状况及功能四方面对锥体细胞与杆体细胞加以比较。

11. 什么是亮度适应？举例说明包括哪两种情况。

12. 什么是色觉恒常性？

13. 颜色感觉分为哪几类？

14. 解释名词：冷暖感、冷色、暖色、中性色、远近感、似近色、似远色、大小感、似胀色、似缩色。

15. 举例说明轻重感和味道感的含义。

16. 什么是颜色感情和象征？它与哪些因素有关？

17. 举例说明常见颜色的感情与象征。

18. 什么是流行色？其演变规律是什么？

单元2　颜色的基本性质

学习目标

1. 叙述颜色的分类标准及命名规则;
2. 运用物体对光的吸收方式分析物体成色原理;
3. 分析光源色和环境色对物体色的影响;
4. 感知颜色特性三属性的差别,并能分析三属性的区别与联系。

一、相关知识

作为颜色工作者,在生产过程及与国内外同行的交往中,需要对颜色的类别和描述方法采用统一的标准,以达成共识,便于交流。因此必须熟悉颜色的分类情况及深入理解颜色的三种属性:色相、明度和彩度。

1. 颜色的分类

颜色与自然界中几乎所有物体都有关系,因为各种物体都有自己的颜色。在光的照射下,我们在看到物体的同时,也产生了关于物体的颜色感觉。所以,我们研究颜色问题时,重点要研究物体的颜色。

1) 常见物体的成色方式

当光照射到物体上时,会产生诸如吸收、反射、透射、散射、折射、衍射和干涉等许多物理现象。由于自然界的物质具有固体、液体和气体三种存在状态,加之各种物质有着不同的化学成分与结构形式,所以形成颜色的方式也各不相同。

物体的成色方式很多,如吸收成色、色散成色、干涉成色、散射成色、荧光成色等。三棱镜等一类物质能使白光发生折射,从而产生彩色;钻石在光照时流光溢彩均属色散成色。光在某些物体表面因干涉现象而呈现颜色即为干涉成色方式,如羽毛、贝壳、珍珠、肥皂泡、水面上的油花等均属此类成色方式。用光的折射或干涉现象产生颜色,以及散射成色、荧光成色等成色方式都不适合颜色调配,故均不作为本书的研究对象。

当物体通过对光的吸收、反射和透射形成颜色时,即称为吸收成色方式。我们日常生活中的大多数物体及颜色调配过程中均以吸收成色方式产生颜色,所以,吸收成色方式是我们研究的主要内容。通常以吸收成色方式呈现颜色的物体都具有下列三种主要光学特性,即吸收、反射和透射,如图1-2-1所示。

当入射光照射到物体表面时,物体会因为自身的化学结构特点对入射光做出吸收、反射和透射等不同的反应。

在单元1我们讲过:自然界中的物质可以分为发光体和不发光体。发光体的颜色是由其自身辐射光的光谱成分决定的,显然不属于吸收成色方式。自然界中大部分物体都是不发光体,本身不能辐射光能量。而不发光体中的大多数物体都以吸收成色方式形成颜色。由于组成物体的分子类型及分子间结构方式的不同,当受到外来光波照射时,物体就不同程度地吸收、反射和透射外来光,从而呈现出不同的颜色。

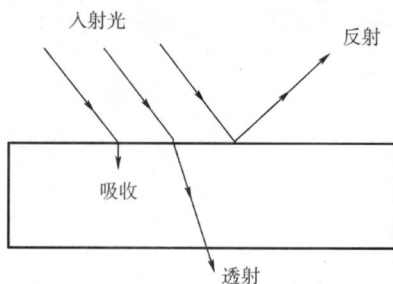
图1-2-1　物体对光的吸收、反射和透射

2)颜色的分类

根据物体对光的吸收情况,自然界中所有的颜色可以分为两大类:无彩色和有彩色。无彩色是指从白到黑的一系列灰色,过去称为消色或非彩色。白色、灰色和黑色等无彩色物体对白光光谱各波长的光吸收程度均等,所以也有人将它们称为中性灰系列。有彩色则是指无彩色以外的各种颜色,通常简称为彩色。彩色物体对各波长的光吸收程度是不相同的。

(1)彩色与选择性吸收。

白光照射到物体上,如果物体只吸收某些波长的色光,对其余波长的光吸收程度小或根本不吸收,这种不等量吸收入射光的现象称为选择性吸收。物体对光的选择性吸收是形成彩色的根本原因。因为在物体对光进行选择性吸收的同时,没有被吸收的色光会被物体反射(或透射)出来,反射光(或透射光)与入射光相比,不仅能量有所减弱,光亮度下降,而且光谱成分也发生了变化。因此,这类具有选择性吸收能力的物体在白光照射下,反射光(或透射光)对人眼中三种感色细胞的刺激不再相等,所以给人以彩色的感觉。

根据物体对光的反射与透射情况,通常把不发光体分为透明体与不透明体两类。凡能让可见光全部或部分透过的物体,称为透明体,如玻璃、滤色片、电影胶片及各种照相底片等。凡是不能让可见光透过的物体称为不透明体,如铁皮、木材等。这只是一个大致的分类,实际上有些物体同时具有使光透射和反射的特性,通常是以其主要特性来将它们归类。

①透明体呈色原理。

提起透明体,容易使人马上想到那些无色透明的物体,例如:窗上的玻璃、无色塑料袋和少量的清水。这些物体的共同特点是:它们几乎能使入射光全部透过而没有吸收。如果我们将一块透明的玻璃置于白色光源和白色屏幕之间,则白色屏幕仍是白色,基本没有什么变化,这说明光源发出的白光几乎全部透过了玻璃。

透明体并非都是无色透明的,也可以是彩色透明的。假如我们将上述实验中无色透明的玻璃换成一块红色玻璃,立刻会发现,光源发出的白光透过这块玻璃后,照射到白色屏幕上的光已变成了红色;从而使白色屏幕的相应部位也变成了红色。为什么入射光是白光,透过玻璃后却变成了红光呢?这是因为红玻璃本身的化学成分和结构使它具有了特定的选择能力,它能选择性地吸收400~500nm的蓝光和500~600nm的绿光,只透过600~700nm的红光,透射过去的红光将白色屏幕映成红色。如果换为绿色玻璃,则白色屏幕会变为绿色。可见,彩色透明体之所以有色,是因为它们能对白光中的某些单色光作选择性的吸收,并使其余的色光透过。

由此可知,透明体的颜色是由它本身经过选择性吸收之后透过去的色光所决定的。透射什么色光,物体便呈现什么颜色。

②不透明体呈色原理。

自然界中不透明体很多,它们的颜色与物体本身对光的吸收和反射情况有关。

例如,当白光照射到一片绿叶上时,由于绿叶本身的化学成分和结构决定了它能选择性地吸收白光中 400 ~ 500nm 的蓝光和 600 ~ 700nm 的红光,只反射出 500 ~ 600nm 的绿光。反射出的绿光刺激了我们的视觉器官,感绿细胞的兴奋使我们判断出叶子的颜色是绿色的。同样还是这片绿叶,假如不是白光而是红光照射到上面,由于叶子仍会按其本性吸收掉红光,再没有任何光反射出来,人眼接收不到任何光刺激信号,就会感觉叶子是黑色的。可见,反射到人眼中的光只是照射到物体表面的入射光的一部分,与原来的入射光相比,由于物体的选择性吸收,一般使反射光的亮度有所减弱,光谱成分也有所改变。

由此可知,不透明体的颜色是由它本身经过选择性吸收之后反射出的色光决定的。反射什么色光,物体就会呈现什么颜色。

综上所述,不论是透明体还是不透明体,它们之所以能呈现彩色,归根结底是由于它们本身能对入射白光进行选择性吸收的缘故。物体所呈现的颜色是由入射光中减去被吸收色光后反射或透射色光的颜色。通常,我们把入射光被物体反射或透射的光色称物体色。物体色可以是彩色,也可以是无彩色。

(2)无彩色与非选择性吸收。

当白光照射到某些物体上,如果物体对各处中不同波长的光等比例地吸收,这种吸收就称为非选择性吸收。物体对入射白光进行不同程度的非选择性吸收之后所呈现的颜色,就是从白到黑的一系列中性灰色,即无彩色。

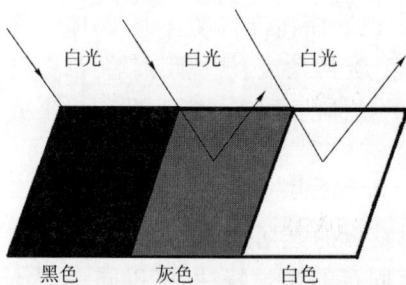

图 1-2-2 无彩色非选择性吸收示意图

如果入射光照射到某物体上,经过程度极小的非选择性吸收,绝大部分入射光都被反射出来,这种物体色就是白色,如图 1-2-2 所示。如果某物体能将入射光全部等比例吸收,几乎很少有光反射出来,那么这种物体色就是黑色。如果某物体将入射白光等比例吸收一部分,反射另一部分,这种物体色就是灰色。根据等比例吸收的量的多少,会有不同深浅的灰色。吸收得多,反射得少,灰色就深;反之吸收得少,反射得多,灰色就浅。总之,白光照射到非选择性吸收的物体上,反射出来的光与入射光的强度相比,一般总有不同程度的减弱,即使是白色物体也总会有极少量的吸收。

通常在分析物体的呈色情况时,常使用光的反射比来定量地描述无彩色。

光反射比是指被物体表面反射的光通量与入射到物体表面的光通量之比,用百分比表示时,也称反射率,用字母 ρ 表示,计算公式为:

$$\rho = \frac{\text{反射光通量}}{\text{入射光通量}}$$

一般我们将反射率 $\rho < 10\%$ 的物体色称为黑色,国家标准《中国颜色体系》(GB/T 15608—2006)把黑色定义为物体明度小于 2.5 的中性色,如黑布、黑丝绒、黑色油墨、墨汁的

颜色。其中最黑的是黑丝绒,其反射率约在 $0.2\% \sim 2\%$。反射率 $\rho > 75\%$ 的物体色则被称为白色,国家标准《中国颜色体系》(GB/T 15608—2006)把白色定义为物体明度大于 8.5 的中性色,如白纸、白墙、白雪、白色油漆等物体的颜色,其中未经污染的白雪有较高的反射率。在颜色测量工作中,我们使用氧化镁或硫酸钡作为白色标准,它们的反射率可达 95% 以上。反射率介于 $10\% \sim 75\%$ 之间(或明度介于 $2.5 \sim 8.5$ 之间)的物体色为各种不同深浅的灰色,如图 1-2-3 所示。

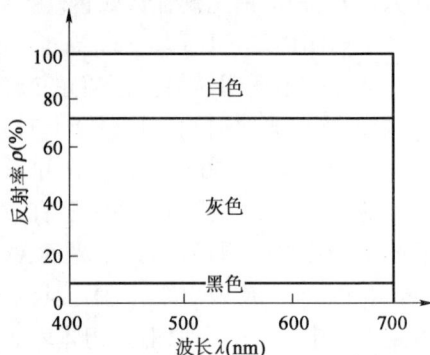

图 1-2-3　无彩色的光谱反射曲线

　　需要说明的是:自然界里绝对的黑色与绝对的白色是不存在的。也就是说,能 100% 吸收入射光的黑色和 100% 反射入射光的白色是无法找到的。

　　3)影响物体色的主要因素

　　在日常生活中,我们已习惯于在最主要的光源——日光下分辨物体的颜色。长期的生活实践使我们对许多物体呈现的颜色记忆和称呼逐渐固定下来,所以我们把物体在日光下稳定呈现的颜色称为物体的固有色,又名记忆色。物体的固有色与物体色之间是什么关系呢? 根据现代科学的定义,物体色是指光被物体反射或透射后的颜色。换言之,物体只具有对不同光谱成分进行固定地吸收、反射或透射的光学特性,而没有一成不变的固定的颜色。由此看来,物体色是一个含义更广的概念,固有色则是物体色中有代表性的一种形式。固有色只是在特定条件下,即日光下,稳定呈现的一种物体色而已。而在许多场合中,物体色将会随着一些客观因素而改变,诸如:光源的颜色、环境的颜色、光照角度、观视距离等,都会对物体的颜色产生影响。可见,物体色是远比固有色更复杂的物体的颜色。在此,我们只来分析影响物体色形成的最主要的两个因素:光源色和环境色。

　　(1)光源色对物体色的影响。

　　光源色,顾名思义,是指光源发射的光的颜色。光源发出的光所含光谱成分不同,光的颜色就不同。每种物体都因其特定的化学结构而具有固定的光学特性,所以同一物体在不同的光源照射下将会呈现不同的颜色。一般说来,光源色对物体色的影响有如下规律。

　　①彩色光照射到无彩色物体上时,该物体会产生非选择性吸收和反射,反射光的颜色与入射光颜色相同。

　　例如,一座石膏像,在正午的阳光下呈现白色,在清晨的朝晖里会略带黄色,而在傍晚的夕阳中会呈微红色,如果在绿色灯光照射下它又会变成绿色。换成一张白纸,在不同色光照射下也会出现不同的呈色效果,如图 1-2-4 所示。可见,光源色对物体色的影响相当大,有时它甚至能改变物体的固有色。这是因为,当光源的光谱成分发生变化时,必然影响到物体的反射光谱的成分,从而使物体色随光源色的变化而变化。灰色物体受光源色影响的情况与白色物体相似,不同处只在于反射出的色光亮度会更弱些。值得一提的是,黑色物体是个例外,它不受光源色的影响,因为所有色光照射到黑色物体上,都会被它不加选择地统统吸收。

②彩色光照射到彩色物体上时,该物体会产生选择性吸收和反射,原来的彩色将会被改变,有时甚至会变为无彩色,如图 1-2-5 所示。

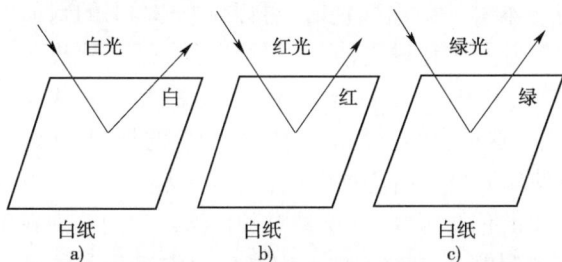

图 1-2-4　光源色对无彩色物体颜色的影响

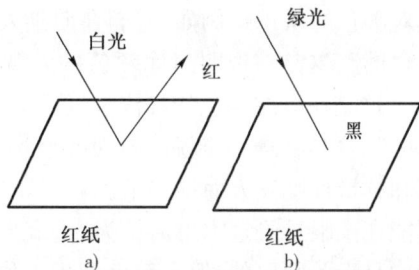

图 1-2-5　光源色对彩色物体颜色的影响

一张固有色为红色的纸,在绿光的照射下变成了黑色。因为红纸固有的光学特性是能选择性吸收 400～500nm 的蓝光和 500～600nm 的绿光,只反射长波段的红光。当光源色光中只含有 500～600nm 的绿光,不含 600～700nm 的红光时,固有色为红色的这张纸就只能选择性吸收绿光,却没有红光可反射。因为没有任何光反射出来,这张纸看上去就变成了黑色。

一般说来,光源色对物体色的影响主要表现在物体的光亮部位,即受光照射的一面,而物体其他部位的颜色受光源色的影响较小。所以,物体光亮部位的颜色是物体固有色和光源色的综合体现。

(2)环境色对物体色的影响。

随意观察我们周围的环境,就会发现自然界中任何物体都不会孤立地存在,每一件物体的旁边必然会存在着其他物体。我们知道,大多数物体都是有色的,都会反射或透射一定的色光,这些有色物体所发出的色光同样会对作为观察对象的物体色产生影响。

我们把被观察物体周围邻近物体的颜色称为环境色。例如,蔚蓝的海面上泊着一艘白色的游艇,作为观察对象的艇身则会因其环境——海水的反光而呈现淡蓝色。白色石膏像放在红色的丝绒上,石膏像与丝绒相邻的部位便会呈现淡红色。阳光明媚的打麦场中,身穿白衣的打麦人会因周围大面积麦秸草的颜色影响,让人感觉身上泛着金黄色。

通常,环境色对物体色的影响主要表现在暗调部位。一般规律是:颜色鲜艳或面积大的邻近物体所产生的环境色影响较大;邻近物体与被观视物体距离近时产生的影响大;被观视物体表面越光滑,受环境色影响也就越大。

综上所述,物体色是由物体的固有色、光源色和环境色三方面因素综合而成的。当光源色是正常的日光,环境色影响又较小时,可以把固有色看作是物体色,这种情况最具有普遍性。另外,我们在日常生活中需要有一个相对稳定的、来自以往经验中的色彩印象来表达某一物体的颜色特征,例如,提起旗帜,我们马上会想到它是红色的;提起森林,我们会浮现出它的绿色。其实这都是物体的固有色,在许多情况下代替了物体色。作为画家来说,他们对物体色的变化要比常人敏感得多,对物体的固有色、光源色和环境色之间的关系也比常人观察得更细致、更深入。一个有经验的艺术家,会在他的作品中正确体现和充分利用上述三者的关系。物体的固有色是变化的依据,光源色和环境色则是变化的条件。只有抓好三者的关系,才能使物体色更丰富多彩,使画面中的物体具有立体感、空间感和美感。

2. 颜色的三属性

我们在日常生活中观察和讨论颜色时,最简单、最常用的方法是用一些颜色的名称来表达对颜色的认识。例如,我们在向别人描述一本书的封面颜色时,可以说"这本书的封面是蓝色的",这是在说明封面颜色的外观相貌。为了解释得更清楚,则可以说"是一种浅蓝色的",这是在介绍颜色的深浅程度。如果要描述得更具体、更全面,还可以说"是一种浅蓝灰色的",这是在进一步说明封面颜色是否鲜艳。这种介绍颜色的方法,从颜色的外貌、深浅程度和鲜艳程度三方面描述了色彩,基本可以使对方想象出这种颜色,但不会太准确。对方很可能在亲眼看到这本书后认为"比我原来想象的色要深些"。这种对颜色认识上的差别在生活中是无关紧要的,但在颜色调配工作中却举足轻重。为了把人们在生活中对颜色的感性认识上升为理性认识,在生产和科研中更精确地描述颜色,国际上统一规定了鉴别颜色的三种基本特征,即色调、明度和彩度,我们称之为颜色的三属性。同上述介绍封面颜色的方法相类似,颜色三属性可以定性地描述颜色。不同之处在于颜色三属性还可以定量地描述颜色。自然界中大多数物体都有颜色,几乎每种颜色都同时具有色调、明度和彩度这三个特征。我们可以根据颜色的三属性,把自然界中纷繁众多的颜色进行系统的分类、归纳、排列和描述。

1)色调

在《中国颜色体系》(GB/T 15608—2006)中,色调表示红、黄、绿、蓝、紫等颜色特性,是颜色的三属性之一。在一幅图画中,色与色之间的整体关系构成色彩的调子,称为色调,是颜色最主要的特征,也是色与色之间的主要区别。

(1)色调的表示方法。

在可见光谱上,人的视觉能看到红、橙、黄、绿、青、蓝、紫等不同的颜色,人们对这些可以相互区别的颜色以不同的方法加以命名。当我们称呼到其中某一色的名称时,就会有一种与名称相对应的色彩印象,这就是色调的概念。就像我们每人都有自己的相貌,也有自己的名字。提起某人的姓名,马上会联想到这个人的长相,人的相貌是人与人最主要的区别。正是由这些带有具体相貌特征的颜色,使我们感受到这个五光十色、生机勃勃的彩色世界。我们可以把色调看作是颜色外表的华美肌肤,色调体现了颜色外向的性格。

我们除了采用命名的方法来表示颜色的色调之外,还可以采用更精确的方法来表示,这就是主波长表示法。何谓主波长?当我们用某一色光的波长来表示颜色的色调时,这一波长就称为该颜色的主波长。我们知道,光谱中不同波长的光都具有特定的颜色,色调是由刺激眼睛视网膜的光谱成分决定的。对单色光而言,色调完全取决于该种色光的波长。如色调为红色,其对应的色光波长是700nm,于是700nm便是红色的主波长;再如黄色的主波长为580nm;其他色调也大都可以用主波长来表示。

值得注意的是,用主波长来表示色调时,只是表示这一颜色与光谱中某种波长的光给人以相同的色觉,并不说明二者的光谱成分一定相同。例如:光谱色中黄光可用主波长580nm来表示,而与之色调一致的另一种黄色光则可能是用红光和绿光混合而成的,这时可用红(700nm)+绿(546nm)来表示。同样,后一种混合而成的黄色光还可以用580nm代表。也就是说:同一色调,既可以用单色光的主波长来表示,也可以用另外的光谱色光相加来表示,它们的光谱成分不强求一致。另外还应注意,在日常生活和生产中,我们所接触的各种颜色,如绘画颜料、彩色油墨、彩色摄影中的颜色,都难以达到光谱色那样纯正的色调。

（2）人眼对色调的辨别能力。根据实验,正常色觉者在最好的观视条件下,大约能分辨180种色调,其中包括光谱色调150种,再加上光谱中不存在的谱外色——品红色系中约30种。实际上,经长期的实践锻炼,与颜色打交道的专业人员,如画家、设计师、调色师等,分辨色调的能力可以超出上述范围。人眼视网膜上的视觉细胞对光谱中不同波长色光刺激的敏感性是不相等的。根据实验结果,人眼对某些波长的色光特别敏感,例如波长为494nm左右的青绿色光和波长为585nm左右的橙黄色光,波长每相差1~2nm,正常色觉者即能分辨出来。对于480~550nm光谱段的绿光,则需3~4nm的变化,人眼才能区别。而对于光谱两端的红光和紫光,人眼对波长的改变辨别很迟钝,尤其是从波长为655~780nm的红光和380~430nm的紫光区内,人眼几乎无法区分它们颜色上的差别。人眼对色调变化的分辨能力曲线如图1-2-6所示。

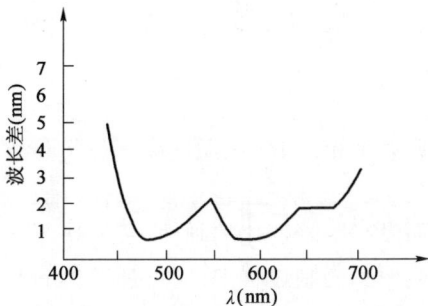

图1-2-6 人眼对色调变化的分辨能力曲线

2）明度

明度是颜色的第二种属性,表示物体表面颜色明亮程度的视知觉特性值,以绝对黑色和绝对白色为基准给予分度。

（1）明度的定义及表示方法。

对于无彩色而言,明度是它们最突出的特征。明度最高的色是白色,明度最低的色为黑色,白色与黑色之间存在着一个明度从高到低、从浅色到深色的灰色系列,也可以认为,白色与黑色是灰色系列的两个端点。

彩色明度又分为同色调明度与异色调明度两种类型。同一色调的颜色会因明度不同而形成一个颜色系列。异色调明度是指不同色调的颜色都有着自己的明度特征。在光谱七色中,明度由高到低的排列顺序是:黄、橙、绿、青、红、蓝、紫。如果将可见光谱的彩色光带拍成黑白影像,则各种色调的明暗关系立时可见。假定人眼对色彩感觉的明度高低,以白色为100,黑色为0,则实验测得各光谱色的明度情况如表1-2-1所示。

各光谱色的相对明度值   表1-2-1

彩色	黄	橙	黄绿	青绿	青	红	蓝	紫
明度值(%)	100	78.9	69.85	30.33	11.0	4.95	0.80	0
无彩色	白	白灰	浅灰	中灰	深灰	暗灰	黑灰	黑

明度在三属性中,具有较强的独立性,它可以不带任何色调特征而通过黑、白、灰的关系单独呈现出来。色彩一旦发生,明暗关系必会同时出现。例如:同一物体,它的彩色照片反映的是物体本身全部属性的颜色关系,即各部位的色相、明度和彩度三者的综合体现,而它的黑白照片则仅仅反映了物体颜色三属性中的明度关系。像黑白照片具有的这种抽象出来的明度关系,可以看作是色彩的骨骼,它是色彩结构的关键。

通常情况下,颜色的明度高低是由物体表面的光反射率大小来表示的。各种颜色明暗不同,是由于它们反射光量不同所致。反射光量大则明度高,反之则明度低。无彩色之间的区别实质上完全在于它们光反射率的大小。明度最高的白色,光反射率接近100%,明度最低的黑色,光反射率接近于0。不同深浅的灰色则具有介于黑、白两色之间的数值不等的反射率。

鲜艳的彩色一般是明度适中的,随着无彩色成分的加入,原来鲜艳的彩色会发生一系列的明度变化。鲜艳的红色明度适中,在其中逐渐加大白色成分,光反射率会逐渐增大,颜色由红色变为浅红直至接近白色,明度升高。如在红色中加入黑色成分,则会使鲜艳的红色变为暗红、深红色,直至接近黑色,光反射率减小,明度降低。可见鲜艳的彩色会随着无彩色成分的加入而改变其明度。

(2)人眼对明度的辨别能力。

人眼对物体明度的变化是很敏感的,可以观察到光反射率相差1%的明度变化。实验结果表明:人眼能够分辨明暗层次的数目在600种左右。

明度是颜色的骨骼,是配色的关键。只有色调变化而没有明暗变化的画面,必定缺乏立体感和空间感,显得平淡呆板,了无生气。因此,在彩色应用及复制过程中,应重视颜色的明度特征。值得注意的是,人们对物体颜色明度的相对比较可以准确判断,甚至能觉察到反射率差别为1%时的变化,但要准确判断某一颜色的绝对明度却比较困难。另外,当观察对象的亮度水平太大或太小时,分辨明度变化的准确性都会减弱。只有在亮度适中的场合,即照明条件最理想时,人眼的明度分辨能力才处于最佳状态。此外,人们在观察颜色的明度特征时,还会受到观察对象背景颜色的影响。由于对象与背景之间的明度对比作用,往往会给观察者造成明度上的错觉。在调色过程中辨色时,要注意避免产生这种视错觉。

3)彩度

彩度是颜色的第三种属性,又称为饱和度、纯度或鲜艳度。

(1)彩度的定义及表示方法。

彩度是用距离等明度无彩色点的视知觉特性来表示物体表面颜色的浓淡,并给予分度。

我们的视觉能辨认出的有色调感的颜色,都具有一定的彩度。色彩越鲜艳,彩度就越大。光谱色是最纯净、最鲜艳的颜色,所以光谱色的彩度最大。白、灰、黑色等无彩色,只有明度特征,没有色彩倾向,它们的彩度等于零。

如果向彩度大的颜色中加入无彩色成分,就会使该色的彩度变小。比如绿色中掺入白色时,仍是绿色调,但它的鲜艳程度即彩度变小了,明度提高了,成为淡绿色;当绿色中掺入黑色时,明度降低了,彩度也同时变小了,成为暗绿色;当绿色中掺入明度接近的灰色时,它的明度基本不变,但彩度却变小了,成为灰绿色。同一种色调的颜色,即使彩度发生微小的变化,也会立即带来色彩品质的变化。如果说,明度是颜色隐秘的骨骼,色调是颜色华美的肌肤和外向的性格,那么,彩度则体现了颜色内在的品质。

彩度的一般表示方法是以颜色中含纯色(或单色光)成分的比例数来表示。也就是说,颜色彩度大小,取决于颜色中所含彩色成分与无彩色成分的比例关系。另外,还可用光谱反射率曲线来表示,因为颜色中所含彩色成分的多少,实质上是由颜色本身对入射光选择吸收和反射程度所决定的,如图1-2-7所示。

如果某颜色对光谱某一较窄波段光的反射率高,对其他波段光的反射率很低,则表明该颜色有很高的光谱选择性,该颜色的彩度就大,如图1-2-7中曲线A表示彩度较大的绿色。如果某颜色能反射某种色光,也能同时反射其他色光,这种颜色的彩度就小,如图1-2-7中曲

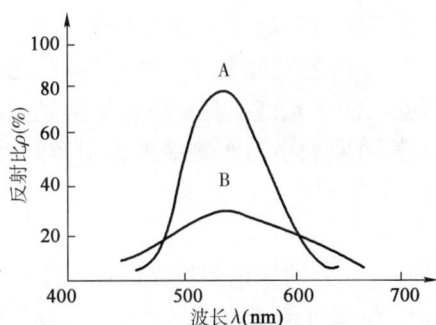

图 1-2-7　两种颜色彩度比较

线 B 的彩度小于曲线 A。

　　（2）人眼对彩度的辨别能力。

　　在颜色的应用中,对颜色彩度的选择常是决定一种颜色的重要条件。一般说来,人眼对彩度的微小变化是很敏感的,但针对不同的色调,对彩度的辨别能力是有差别的。光谱色是所有颜色中彩度最大的颜色,但人眼对不同光谱色的辨别能力却并不相等。实验表明:在同样的照度下,人眼对彩度的分辨能力在光谱两端最为灵敏,当白光中加入 0.1% 的红光或紫光时就能为人眼所辨别。

而在 570nm 处的黄光区,人眼的分辨能力最差,需在白光中加入 2% 的黄光时人眼才能区分出彩度的变化。因此,在白纸上印黄色图文比其他颜色的更难以辨认。

　　人眼对彩度的辨别能力可用人眼分辨彩度级数的多少来测定。一般说来,人眼对黄色的分辨级数最少,只有 4 级。可分辨级数最多的是红色,可达 25 级。

　　能够影响人眼分辨颜色彩度的客观因素主要是彩色物体表面的光滑度。大多数物体都存在着表面反射,而表面反射多数是非选择性的。因此彩色物体的反射光分为两部分:一部分是经选择性吸收后反射出的色光,另一部分则是表面反射的白光。物体表面结构光滑时,表面反射光呈单向反射。如果对着反射光观察,色彩可以亮得耀眼。但只要避开这个角度从其他方向观察,就不会影响到物体色的彩度,如图 1-2-8 所示。表面粗糙的物体,对光的反射表现为漫反射,从任何角度去观察,都难以避开这种多向漫反射白光,它们冲淡了物体色的彩度。所以具有粗糙表面的物体色的彩度会降低。

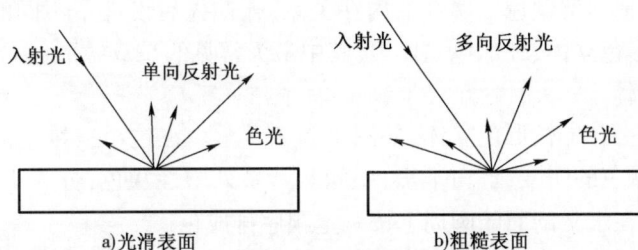

a)光滑表面　　　　　　b)粗糙表面

图 1-2-8　物体表面结构对彩度的影响

　　3. 颜色三属性的相互关系

　　色调、明度和彩度是颜色的三属性,它们分别从三个不同侧面反映了颜色的基本特征。三者在概念上是各自独立的,但三者之间又是相互联系、相互制约的。要具体描述一种颜色,必须同时确定颜色的三个特征,即该颜色的色彩相貌——色调,该颜色的明暗程度——明度,该颜色的鲜艳程度——彩度。如果其中某种属性发生了变化,则另两种属性也会随之发生变化。下面我们简单地分析一下三者之间的主要关系。

　　1）色调与明度的关系

　　同一色调的明度大小决定于所含黑、白成分的比例。如果含白色成分多,则明度高;如果含黑色成分多,则明度低。

不同色调的明度大小主要是由人眼三种感色细胞受光刺激量的总和所决定的。白色对各种波长的光反射率都很高,感色细胞受刺激量最大,所以白色明度最高;黑色对各色光的反射率很小,感色细胞受到的刺激量最小,所以黑色明度最低。光谱中其他各色根据光反射率大小及三种感色细胞对相应色光的敏感性共同决定其明度大小。实验结果表明,常见色调的明度由大到小排列的顺序是:白、黄、橙、绿、青、红、蓝、紫、黑。

2)色调与彩度的关系

在自然界所有颜色中,光谱色是最鲜艳的颜色,即彩度最大的颜色。但光谱色中不同色调的彩度最大值是不一样的。实验证明:在光谱色中,红色、蓝色和紫色彩度很大,而黄色的彩度则很小,青色、绿色彩度居中。

3)明度与彩度的关系

对同一色相来说,明度与彩度的变化是相互关联的。一般情况下,明度的变化常会引起彩度的变化,因为二者都与光反射率有一定关系。

只有在明度适中时,颜色的彩度才最大。当我们向某一颜色中加入白色,会使其明度升高,但彩度会变小;如向同一颜色中加入黑色,会使明度降低,彩度亦会减小。因此,当各种颜色由于无彩色成分的加入使明度升高或降低时,彩度都会随之减小。当颜色的明度趋于最大或最小时,此时的颜色已近似于白色或黑色,彩度也就趋近于零而难以鉴别了。

总而言之,颜色三属性既相互独立,又相互联系,分别从不同的角度来定性或定量地描述同一种颜色,以使我们对各种颜色达成共识。在此值得一提的是:颜色中的彩色类都具有三属性,无一例外,而无彩色类一般说来则只具有明度这一种特性,而不具有色调和彩度这两种属性。

4. 颜色三属性的表示方法

为了便于直观地理解颜色三属性的内在关系,人们先后设计了不同的空间几何模型来加以表示,如双锥形色立体、柱形色立体等,其中最为常见的是双锥形色立体。

1)双锥形色立体

双锥形色立体又名枣核形色立体,如图1-2-9所示。在这个三维空间的双锥形色立体中,中央纵轴表示颜色的明度,上白下黑,中间是一系列中性灰色,分为不同的明度等级,称为明度轴。光谱色在水平剖面的圆周上按一定顺序排成色调环,将品红色置于红色和紫色之间。圆环的中心是无彩的灰色,各级灰色的明度同平面圆周上各种色调的明度相同。色立体中的横轴表示彩度,中央轴上彩度为0,由中央轴向外,颜色的彩度增大,距中央轴最大的圆周上的颜色是彩度最大的颜色。任一种颜色,都可根据特定的三属性,在此色立体中找到自己对应的空间位置。

应该指出的是,这个双锥形色立体只是一个理想化的示意模型,目的是为了使人们更容易理解颜色三属性的相互关系。实际上,彩度最大的黄色和蓝色并不在最大的圆周上,黄色在中等明度偏上的地方,而蓝色则在中等明度偏下的地方。中央的色调圆环平面应略有倾斜,而且由于各

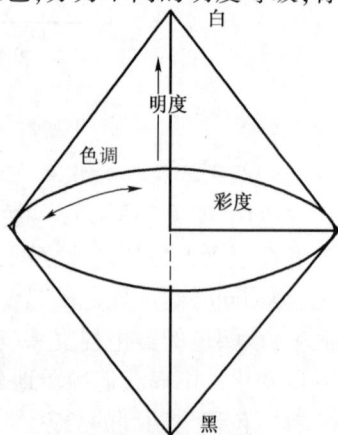

图1-2-9 双锥形色立体

光谱色彩度大小有差异,所以色调环也并非一个标准的圆环。

目前国际上普遍采用的孟塞尔色立体,同样是以颜色三属性为基础而建立的颜色体系,它更接近真实的颜色关系。

2)孟塞尔色立体

孟塞尔色立体是一个三维空间的、近似球体的不规则模型,它将各种能由稳定的颜料配制出来的颜色按色调、明度、彩度的一定顺序全部表示出来,并给每一特定部位的颜色以一定的标号,如书后插页彩图3所示。即颜色立体的每一个点都对应着一种能实现的颜色,同样,任何一种实际的颜色都能按其色调、明度、彩度的等级,在色立体中找到一个对应的位置点。在孟塞尔色立体中央有根表示明度的纵轴,它所表示的明度称为孟塞尔明度;在明度轴的周围分布着不同的色调,称为孟塞尔色调;由明度轴向外的水平距离表示颜色的彩度,距离远近表示的彩度值称为孟塞尔彩度。

(1)孟塞尔色调(Hue,记为H)。

孟塞尔色调是指在围绕着色立体中央轴的水平剖面上排列着的10种基本色调所组成的色调环,如书后插页彩图4所示。在色调环的10种基本色相中,共有5个主色和5个间色。

5主色:红(R)、黄(Y)、绿(G)、蓝(B)、紫(P)

5间色:黄红(YR)、绿黄(GY)、蓝绿(BG)、紫蓝(PB)、红紫(RP)

为了对色调做进一步的细致划分,在每两个基本色调之间再作等分,得到10个再间色。在每两个再间色之间划分为10等份,则10种基本色调都排在第5号上,一律记为5R、5YR、5Y、…,10种再间色都排在第10号上,记为10R、10YR、10Y、…,经过上述几次划分,我们得到了100个等分的色调环,也称为国际照明委员会色系。其中的所有第5号颜色都是具有代表性的纯正的颜色,如5R是纯正的红色,1R,2R则偏紫色,8R、9R则偏黄色。孟塞尔色调中的10种基本色调对应的主波长见表1-2-2。

孟塞尔色调中10种基本色调的主波长 表1-2-2

色调H	5R	5YR	5Y	5GY	5G	5BG	5B	5PB	5P	5RP
色名	红	黄红	黄	绿黄	绿	蓝绿	蓝	紫蓝	紫	红紫
主波长(nm)	660	588	578	565	505	493	482	472	−560	−510

(2)孟塞尔明度(Vdue,记为V)。

在孟塞尔色立体上,中央纵轴代表无彩的黑色系列的明度值。白色在轴的顶部,黑色则在轴的底部,如图1-2-10所示。理想白色定为10,理想黑色定为0,则孟塞尔明度值由0~10共分为11个在视觉上等距离(等明度差)的等级。在实际使用过程中,由于明度为0的理想黑色和理想白色是不存在的,通常只使用明度值1~9级。

在色立体中,同一水平面上所有颜色的明度值相等,都是该平面中央轴上无彩色的明度值。如图1-2-10所示,从明度轴第5级向外排列的颜色尽管色调或彩度不同,但明度值都等于5。在印刷及摄影过程中,通常把画面上明度值在9~7级的层次称为亮调,6~4级为中间调,3~1级为暗调。

(3)孟塞尔彩度(Chroma,记为C)。

在孟塞尔色立体中,颜色样品离开中央轴的水平距离代表孟塞尔彩度的大小,表示这一颜色与相同明度值的无彩色之间的差别程度。孟塞尔彩度也分为许多视觉上等差的等级,如图1-2-10所示。中央轴上的无彩色彩度为0,离开中央轴越远,彩度数值越大。彩度值通常分别用2、4、6、8、…、20等偶数来表示,奇数彩度空着备用。不同色相的颜色所达到的彩度最大值是不同的,个别颜色彩度可达到20。今后如果新的工艺技术能使我们得到彩度更大的颜色,非常容易地将这个新色样加入图中相应位置。另外,同一色调的颜色在不同明度值时彩度等级也不相同。一般的颜色在明度值适中时彩度最大,有的颜色则不然,例如黄色是在较高明度值时彩度最大,这就使孟塞尔色立体无法成为规则的球体,而近似一个纺锤。10种基本色调的最大彩度分布情况见表1-2-3。

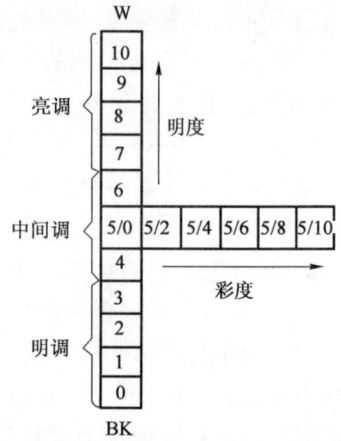

图1-2-10 孟塞尔色立体明度与彩度梯尺

孟塞尔色立体最外层颜色　　　　　　　　　　　表1-2-3

色调 H　　彩度 C　　明度 V	2	3	4	5	6	7	8
5R	6	10	14	12	10	8	4
5YR	2	4	6	10	12	10	4
5Y	2	2	4	6	8	10	12
5GY	2	4	6	8	8	10	8
5G	2	4	4	6	6	6	6
5BC	2	6	6	6	6	4	2
5B	2	6	8	6	6	6	4
5PB	6	12	10	10	8	6	2
5P	6	10	12	10	8	6	4
5RP	6	10	12	10	10	8	6

(4)孟塞尔颜色标号。

孟塞尔色立体中的任何一种颜色均可用符号和数字表示出来,任何一种不透明的颜色也同样可以用孟塞尔色立体中的色调、明度、彩度三项坐标进行标定,标定方法是按下列顺序给予相应的颜色标号。

①彩色标号:HV/C = 色调·明度/彩度。先标出色调 H,再写出明度值 V,在明度值后画一斜线,然后注明彩度值 C。例如:标号 5R4/14 所表示的颜色是色调为纯正的红色;明度值为4,明度适中;彩度值为14。对照表1-2-3可知,这是一种彩度为最大值的鲜艳的红色。

再比如标号 10Y8/12,"10Y"是再间色色调,是基本色调黄与绿黄的中间色,明度值为8,彩度值为12。该色是明亮的,很鲜艳的带有绿味的黄色。

②无彩色标号:NV/ = 中性色明度/。无彩色的黑白系列又被称为中性色(Neutral),用

"N"表示。在中性色代号 N 之后写出明度值 V,因为中性色只有明度值,没有色调和彩度属性,所以斜线后不必写彩度值。

例如,明度值等于 5 的中灰色写作:N5/。标号 N1/表示明度值极小的黑色,N9/则表示明度值很大的白色。N0/和 N10/分别代表理想黑色和理想白色。

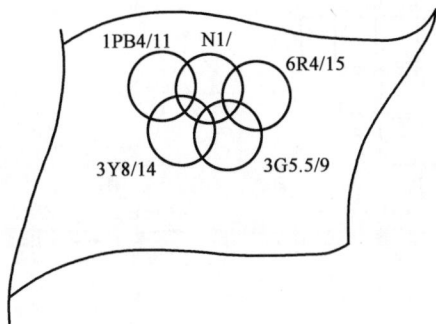

图 1-2-11 奥运会会旗上五环的颜色标号

彩度值低于 0.3 的微彩灰色,一般也按中性色标定。假如要对这类中性色进行精确标定的话,可以用标号:NV/(H,C)来表示。例如,标号为 N7/(R,0.2)表示的是一种略带红味的浅灰色。

由于孟塞尔颜色标号是由色调、明度、彩度组合表示颜色,所以孟塞尔表色系统表色法又称为 HVC 表色法,这种表色法是目前国际上通用的一种表色法。例如,奥运会会旗上五环的颜色标号如图 1-2-11 所示。

3)孟塞尔颜色图册

如果把孟塞尔表色系统中通过以立体表示颜色的方法转变成由许多平面来表示颜色的方法,就可以做成颜色图册。

孟塞尔颜色图册是按其色立体的颜色分类方法,用 1.8cm×2.1cm 的纸片制成标准颜色样品汇编而成的。

将孟塞尔色立体的 10 个基本色调各分为 4 个等级,例如红色分为 2.5R、5R、7.5R、10R,总共可得 40 个等级。将色调环垂直切割成 40 个剖面,每个剖面即为样册的一页,总计得到 40 页。同一色调的不同明度值、不同彩度值的颜色样品都包括在同一页里,所以一个剖面也叫作等色调面,如图 1-2-12 所示。这是色立体 5Y 和 5PB 两种色调的垂直剖面。中央轴表示明度 1~9 级,右侧的色调是黄(5Y),当明度值为 9 时,黄色彩度达到最大值 14,该色的彩色标号为 5Y9/14,其他明度值的黄色都达不到这一彩度。中央轴左侧的色相是紫蓝色(5PB),当明度值为 3 时,紫蓝色的彩度值最大,该色的标号为 5PB3/12,其他明度值的紫蓝色也达不到这一彩度。

如果色样介于孟塞尔颜色图册中的两种色样之间时,也可采用中间数值标注。

1974 年前后,美国和日本分别出版的孟塞尔颜色图册都是 1943 年重新修订的新标系统的图册,包括两种版本。一套是无光泽样品,共计 1277 块色卡,附有 32 块中性色卡;另一套是有光泽样品,共计标出 1488 块色卡,附有 37 块中性色卡。

5. 颜色的命名方法

在日常生活和生产中,为了区别颜色和便于交流,在要求不甚严格的情况下,人们经常使用一些颜色的名称。通常命名方法有两种:习惯命名法和一般命名法。

1)习惯命名法

习惯命名法是人们通过长期生活中形成的色彩感受,约定俗成的一种颜色命名方法。人们充分利用生活中所熟悉的各种事物,并通过一定的联想,使特定的事物与颜色形成一种固定的对应关系,便于人们对颜色的理解、记忆和交流。

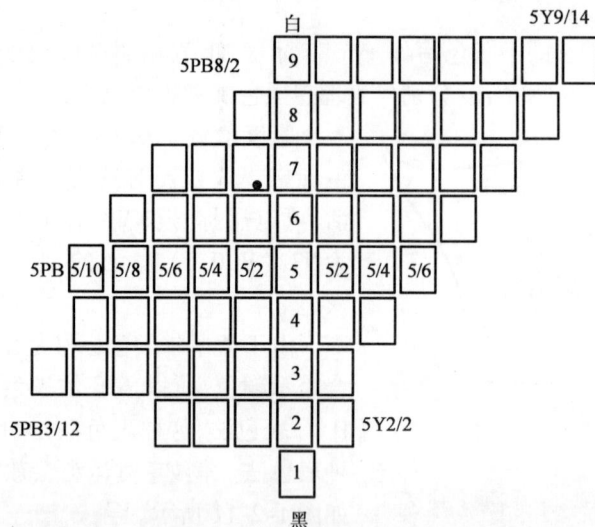

图 1-2-12　孟塞尔颜色图册的 Y-PB 等色调面

（1）以植物颜色命名。

可分别以植物的叶、茎、花、果实等色来加以命名。如葱心绿、草绿、棕色、麦秆黄、桃红、迎春黄、杏黄、枣红、橄榄绿、柠檬黄等。

（2）以动物颜色命名。

如孔雀蓝、鹅黄、鸭蛋青、乳白、象牙白、鱼肚白、驼色、鼠灰色等。

（3）以自然界其他物质颜色命名。

如天蓝、土黄、月白、金黄、银灰、铁灰、雪白等。颜色的习惯命名法由来已久，虽然不十分精确，由于使用了人们生活中熟悉的事物加以对照联想，所以用起来简单方便，在生活中被广泛使用。但是此法美中不足的是有局限性与不甚精确。我国各地物产及生活习俗多有不同，加上地域、季节、气候及观察者职业等多种因素的影响，在对颜色的理解上常有出入。比如橄榄绿、柠檬黄，这些颜色对南方人容易意会，北方地区没见过这些水果的人则难以想象。再比如草绿色、桃红色，草是指春天的小草还是夏天的老草？桃花是刚开之花还是将谢之花？都颇为费解。总之，习惯命名法优点是简便、生动又形象，缺点则是不精确，有局限性，对需要科学用色的颜色调配领域则不完全适用。

2）一般命名法

一般命名法又名系统命名法，是一种比较科学的颜色命名方法。一般命名法是在基本色调名称前加上明度和彩度的修饰词，对颜色做定性又大致定量的命名，可以认为一般命名法是建立在颜色三属性基础上的相对精确的命名方法。

（1）无彩色类的命名原则。

首先确定无彩色类的色调名：白色、灰色、黑色。其中白色与黑色的情况比较简单，它们分别是明度最大和明度最小的颜色，而灰色的情况就要复杂许多，它会有一系列的明度变化,也就需要一些明度修饰词。常用的明度修饰词有:极明、明、中、暗、极暗共五种。将色调名与明度修饰词结合可得如下组合方式:

灰色色名 = 明度修饰词 + 灰色

由这个组合方式可以产生以下常见灰色名称:极明的灰色、明灰色、中灰色、暗灰色、极暗的灰色。

对于彩度极小、近似于无彩色的颜色,可以在色名前再加上其色彩倾向的修饰词。常用的偏色名称有:微红的、微黄的、微绿的、微蓝的、微紫的共五种。可以构成微彩的灰色名如:微红的明灰色、微蓝的暗灰色、微黄的中灰色等。

(2)彩色类的命名原则。

彩色类因为比无彩色多了"色调"和"彩度"两个属性,所以首先要确定基本色调,然后在基本色调名称前除了明度的修饰词外,再加上彩度的修饰词。彩色的基本色调名为下列七种:红色、橙色、黄色、绿色、青色、蓝色、紫色。

明度修饰词常用的有:极明、明、中、暗、极暗。彩度修饰词常用的有:浅(或淡)、中、深,一般可省略"中"字。

彩色色名 = 明度或彩度修饰词 + 基本色调名

根据颜色的具体情况,明度和彩度的修饰词不一定同时用,也可只用一个,也可都不用。例如:暗的深绿色、极明的浅红色、浅黄色、深蓝色、浅紫蓝色等。

需要注意的是,有时还可用色名来做修饰词,如黄绿色、紫红色。这里的色调修饰词只能用来修饰它在光谱中相邻的色调,如"黄"可以修饰"红"、"绿",却不能修饰与它不相邻的蓝、紫色。换句话说,"黄绿色"是绿中偏黄的颜色,如果是"黄蓝色"或"黄紫色"就成为无中生有的笑谈了。

总之,一般命名法是一种比习惯命名法更精确的命名方法,我们在辨色、用色场合经常使用这些色名进行讨论和交流,它使我们能比较准确地描述常见的颜色。但它也存在一定的局限性,仍无法对所有的颜色做恰如其分的描述。

二、单元练习

1.颜色根据什么分为两类?试述无彩色和彩色的定义。

2.什么是选择性吸收与非选择性吸收?

3.简述彩色透明体与不透明体的呈色原理。

4.什么是反射率?如何根据其数值判断黑、白、灰色?

5.什么是光源色?举例说明光源色对物体色会产生什么影响?

6.什么是环境色?环境色影响物体色的规律是什么?

7.举例说明固有色与物体色的关系。

8.什么是色调?如何表示?

9.什么是彩度?如何表示?

10.什么是明度?如何表示?

11.简述颜色三属性的相互关系。

12.颜色命名方法有哪几种?分别举例说明它们的命名原则。

单元3 色光加色法

学习目标

1. 知道色光三原色的确定过程和原则;
2. 用红、绿、蓝三滤色镜做三原色光的混色实验;
3. 举例说明色光静态混合与动态混合的区别;
4. 叙述色光加色混色规律。

一、相 关 知 识

颜色可以相互混合,两种以上不同的颜色相互混合,便会产生新的颜色。这种现象在日常生活和生产中经常出现,并有着重要的意义。

颜色混合既可以是色光的混合,也可以是颜料或染料的混合,这两种混合方法所得到的结果是完全不同的。通常我们把色光的混合方法称为色光加色法,把颜料与染料的混合称为色料减色法。

1. 色光三原色

由前面的色散实验可知:白光通过三棱镜后会分解为红(R)、橙(O)、黄(Y)、绿(G)、青(C)、蓝(B)、紫(P)等七种单色光,它们分别可由括号中的大写英文字母来代表。这七种单色光不能够再分解,但可以重新混合再组成白光,这一点也已在色散系列实验中得到了证明。但如果让我们用独立的七种单色光重组白光,达到与标准白光相匹配,却不是一件轻而易举的事。科学家们针对这个问题进行了大量的实验和研究工作,终于找出了最基本的答案。

1)色光三原色的确定

经过对可见光谱及人的视觉生理特性不断深入分析和研究,并在反复实验的基础上,科学家们最终确定了色光的三原色,也叫加色法的原色。

如果对色散后得到的鲜艳清晰的可见光谱仔细审视,我们会发现各单色光所占的波长范围宽度是不相同的。比较突出的是红光、绿光和蓝光,这三种并不相邻的单色光所占的区域较宽,而其余如橙、黄、青、紫等色光所占的区域则相对较窄。在色散实验中,如果我们适当地调整棱镜的折射角度,还会发现当色散不太充分时,即七种单色光没有同时都清晰地显现时,屏幕上最醒目的就是红光、绿光和蓝光,其余几种单色光会减退甚至几乎消失。此时这三种明显的单色光所对应的光谱波长范围是:蓝光 $400 \sim 470\mathrm{nm}$;绿光 $500 \sim 570\mathrm{nm}$;红光: $600 \sim 700\mathrm{nm}$。

从光的物理刺激角度出发,人们首先选定了以上这三种在光谱中波长范围最宽、最鲜明、最突出的单色光——红光、绿光、蓝光作为基本单色光。

通过对视觉生理的深入研究,人们又进一步发现:红光、绿光和蓝光这三种单色光与人的视觉生理条件有着密切联系。根据颜色视觉理论,人的每个视网膜上分布着约700万个感色锥体细胞,它们又可分为三种类型,即感红细胞、感绿细胞和感蓝细胞,分别对红光、绿光和蓝光反应灵敏。当它们三者接受了不相等的光刺激,各自产生程度不等的兴奋时,就会形成相应的颜色感觉。由此可见,从人的视觉生理角度来分析,能分别引起人眼中感红、感绿、感蓝三种感色细胞兴奋的三种单色光——红光、绿光、蓝光应该作为色光中的基本单色光。

为了证明这种推理,人们做了大量的色光混合实验。最早的成功者是麦克斯韦,他利用红光、绿光和蓝光这三种单色光在白色屏幕上混合出了黄光、品红光、青光和白光。甚至用红光和蓝光还可以混合出光谱上没有的品红色光。通常我们也把品红光(M)称为谱外色。与此相反的实验是用其他的任何色光以各种不同方式试图混合出红光、绿光和蓝光,却没有成功,包括用这三种单色光中任意两种混合出第三种也终归失败。

综上所述,根据光的物理刺激特点、人的视觉生理特性及大量色光混合实验结果,红光、绿光、蓝光这三种单色光以不同比例相混合,可以得到其余的所有色光,而它们三者却是不能由任何其他色光混合得到的。因此,我们将红光、绿光、蓝光确定为色光三原色,又称为三原色光。

2)色光三原色的波长与色调

对于我们反复验证后所确定的红光、绿光、蓝光这三种原色光来说,每种色光在可见光谱中都有一个比较大的波长范围,而其余几种单色光的波长范围较窄。在这些色与色之间颜色是渐变的,没有明显的刀砍斧凿样的界限。光谱上由一种颜色均匀地过渡到另一种颜色。另外,人眼的视网膜在接受不同光刺激时,对光谱的每一波长所产生的刺激,三种细胞各有自己特定的兴奋水平,三种细胞不同程度地同时活动就会产生相应的色觉。由于这种具体情况,当我们用单色光匹配白光时,同样是红光、绿光和蓝光,却会出现多种组合。由实验可知,下列波长的色光等量混合的结果都是白光(W):

$$红光 + 绿光 + 蓝光 = 白光$$

$$700nm + 546nm + 436nm = W$$

$$650nm + 530nm + 460nm = W$$

$$630nm + 528nm + 475nm = W$$

为了统一对三原色光的认识标准,CIE于1931年规定:标准色光三原色的代表波长是:红光(R)700nm,绿光(G)546.1nm,蓝色(B)435.8nm。

如将三种原色光从明亮程度上加以比较,就会发现:亮度最大的是绿光,红光居中,蓝光亮度最小。据测定,色光三原色的亮度比例关系为:

$$R:G:B = 1:4.5907:0.0601$$

既然这三种原色光按一定比例能混合出自然界中所有的颜色,那么我们可以采用摄影的方法分别记录下原来物体色中所包含的三原色光的比例,最后再把这三个记录结果合成为原来的颜色,这也就是照相分色和彩色印刷的基本原理。

2. 色光加色法

当两种或两种以上色光同时刺激视网膜的同一部位时,我们的眼睛不具备将它们单独分开的本领,却具备较强的合色能力,最后在大脑中所产生的是一种不同于原来色光的新的色觉。同样,如果由两种以上的色光快速交替地连续刺激视网膜同一部位,也会产生上述的结果。这实际上是两种不同方式的色光混合的过程。

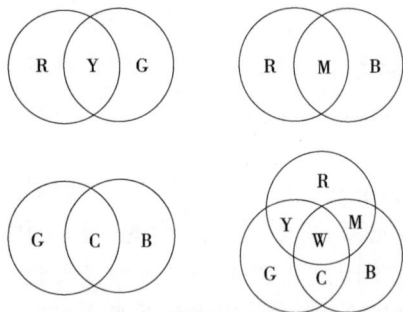

图 1-3-1　色光等量混合效果

1) 色光加色法定义

按红、绿、蓝三原色光的加色混合原理生成新色光的方法被称之为色光加色法,也简称为加色法或加色混合。

1860 年,麦克斯韦采用红、绿、蓝三种原色光部分重叠的投射方式,在暗室中的白色屏幕上得到了色光加色混合的有代表性的结果,三原色光中任意两种色光进行等量混合,可以分别得到黄光(Y)、品红光(M)和青光(C),如图 1-3-1 所示。

原色光加色混合效果可由下式表示:

红光 + 绿光 = 黄光　(R + G = Y)

红光 + 蓝光 = 品红光　(R + B = M)

绿光 + 蓝光 = 青光　(G + B = C)

如果两种原色光以不同比例混合,就会得到一系列渐变的混合色光。以红光与绿光混合为例:两种色光等量混合时得黄光,然后红光比例不变,逐渐减少绿光比例,便可以看到由黄→橘黄→橙→红等一系列颜色变化;反之,绿光比例不变,使红光比例逐渐减少,又会看到黄→黄绿→嫩绿→绿等一系列颜色变化。在上述过程中,混合色光的颜色总是倾向于比例大的那种颜色。当三原色光等量混合时,就可以得到白光,参见书后插页彩图 5 中三原色重叠的中间部分,该部分可表示为:

红光 + 绿光 + 蓝色 = 白光　(R + G + B = W)

如果三原色光逐渐等量减少,则会得到一系列由浅渐深的灰色,也可以认为是由明逐渐转暗的白光。

如果三原色光不等量混合,便会得到更丰富的颜色混合效果。总之,将三原色光按色光加色法混合后,便可以产生自然界中的所有色光。我们现实生活中,加色混合现象随处可见。例如:我们经常看到的清晨的朝霞与傍晚的晚霞,便是由大气层、云层、人的地理位置等因素变化而造成的非人为的加色混合效果。城市中繁华闹市区的夜晚,各色灯光交相辉映,呈现出五光十色美不胜收的夜景,也是色光加色混合的结果。另外,彩色电影和彩色电视也是以色光加色法作为其呈色原理的应用实例。

2) 色光加色法的实质

当我们将加色混合得到的新色光与参与混合的原色光相比较时,会发现新色光总是比原色光更亮。例如:红光与绿光等量混合后得到的是黄光,黄光明显地比红光和绿光都亮;品红光也比红光和蓝光亮;同样青光比组成它的绿光和蓝光都亮;三原色光等量混合所组成的是白光,显然白光亮于任一原色光。为什么色光相加会越加越亮呢?

参与加色混合的每一种色光都具有一定的能量。光既是一种电磁波，又是由许多具有能量的光量子组成的一种物质。波长不同时，光量子具有的能量也不同。波长越短，能量就越大。当具有不同能量的色光相混合时，就会导致混合后的新色光具有新的能量值。

通常，由光源发出的不同色光直接混合时，新色光的能量是参与混合的各色光的能量总和。由于能量值的增大，使得新色光的明亮程度提高。由此可见，色光加色法的实质是色光相加后，色光能量增加，所以，加色混合的结果是得到能量值更高的、更明亮的新色光。简言之：色光相加，能量相加，越加越亮。

3）加色混合的分类

色光加色混合按不同的分类标准可以分为不同类型。

按光源种类不同，可分为直接光源的加色混合和间接光源的加色混合。

按色光对人眼的刺激方式不同，可分为静态混合与动态混合两类。

按人眼的感受程序不同，可分为视觉器官内的加色混合与视觉器官外的加色混合。

究其实质，上述这些不同类型的加色混合方式既有区别又有联系，甚至还有重合。我们主要介绍按人眼的感受情况不同划分的两种类型。

（1）视觉器官外的加色混合。

所谓视觉器官外的加色混合是指两种以上的色光在作用于人的视觉器官之前已混合成为新色光的呈色现象。此种类型中最为常见的例子是日光。日光是由各种不同波长的单色光混合而成的复色光，我们如果不借助于三棱镜之类的色散仪器，仅用肉眼是难以分辨出单色光的。可以说，日光是在作用于人眼之前就已先行混合好的，各单色光的能量已经互相叠加在一起，各单色光对人眼的刺激也是同时进行的。

另外，人们在对颜色进行研究中所做的颜色匹配实验也属于此类。把两种颜色调节到视觉上相同或相等的过程叫作颜色匹配。进行颜色匹配时，必须通过色光相加混合的方法，如图1-3-2所示。用不同的颜色光照射在白色屏幕的同一位置上，即白屏幕的中上部位，可以是红光、绿光和蓝光三种原色光。在相邻的中下部位则投射一束作为匹配标准色的白光（也可以是其他色光如黄光、品红光）。

在实验过程中，通过调节三原色灯光的比例，最终混合出与中下部位白光在视觉上相同的复色白光。新色光是在视觉器官外即在屏幕上先混合后才

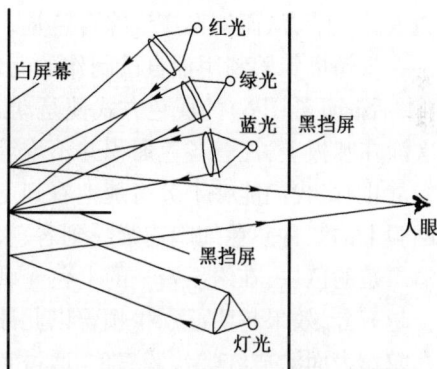

图1-3-2 颜色匹配实验

反射于人的视网膜上。此时，作用于人眼的是各色光刺激量的总和。如果中下部投射一束品红光作为匹配标准的话，则可关闭绿色光源，只通过红光与蓝光相混合，便可匹配出与标准色光相同的品红光。同理，可得许多的新色光。视觉器官外的加色混合也叫做直接光源加色混合。

（2）视觉器官内的加色混合。

如果参加混合的各色光分别作用于人的视觉器官后才使人产生新的色觉，这种成色过程叫做视觉器官内的加色混合。这种在人的视觉器官内所进行的加色混合，又可分为两种

形式,一种是静态混合,一种是动态混合。

①静态混合。

我们知道,一个物体在视网膜上投影的大小,除了取决于物体本身的大小外,还取决于物体与眼睛的空间距离。同样面积的色块,当它离眼睛近时,在视网膜上的投影就大;当它离眼睛远时,在视网膜上的投影就小。当几种不同颜色的线条、点子、色块的形状并列在一起,而观视者相距较远或颜色的面积较小时,人的眼睛便无法准确分辨这些静态颜色之间的界限。反射的各色光同时作用于人眼内的三种感色细胞时,就会产生一种综合的色觉。这种处于静态下的两种以上并列颜色反射出的色光,同时作用于人眼产生综合色光的过程,叫作视觉器官内的静态混合。由于这种色光混合受空间距离影响,所以也被称为空间混合。

②动态混合。

在人眼内部进行加色混合的另一种形式是色光的动态混合。由两种以上色光迅速交替地作用于人的视觉器官,从而产生综合色觉的过程叫视觉器官内的动态混合,简称为动态混合。

在彩色电视机的荧屏上,密集地布满了细小的红、绿、蓝色光点,人的眼睛很难区分它们。当这三原色光点受显像管发出三注电子束的控制,各色的光强度比例不断变化时,就会在视觉上产生各种加色混合效果,并组成各种彩色影像。可见,彩色电视中彩色图像的形成也是视觉器官内加色混合的结果。

动态混合与静态混合的共同点是都在视觉器官内进行加色混合,主要区别在于不同色光对于人眼的刺激方式与刺激时间不同。静态混合是处于静态的色光反射到人眼内,几种色光同时作用于人的视网膜。而动态混合则是处于运动状态中的几种色光先后并连续地刺激人的眼睛,从而使人产生综合色觉。

牛顿早年曾利用他自己制作的七色板来说明日光的成分,这种被后人称为"牛顿色盘"(书后插页彩图6)的成色方式便是动态混合的典型范例。将红、橙、黄、绿、青、蓝、紫七色依次涂在圆板上,注意各色面积并不均等,而是按可见光谱中各色所占的比例来分配。当七色板静止时,我们能够十分清楚地看到上面各个扇形的色块。一旦七色板快速旋转起来后,视网膜上的三种感色细胞连续受到各色块反射色光的快速刺激,此时已无法看清静止时还一清二楚的色块,在纷至沓来的七色光刺激下便会产生一种混合色觉。色盘转速越快,色光混合越充分,效果越明显。牛顿曾以此证明白光是由上述七种单色光合成的。同时,我们可以在陀螺表面涂成红、绿、蓝三色,通过它飞速旋转后的效果来证明白光能用三原色光得到。

动态混合是以人眼的视觉生理特征——视觉暂留现象作为生理基础的。所谓的视觉暂留是指当看到的物体消失后,它的形状和颜色仍会在视网膜上保持约1/10s时间的现象。这种短暂的物像在视网膜上的停留,使动态混合得以实现。当第一色的刺激在视网膜上引起的反应尚未消失,第二色的刺激接踵而来,后面总是这样,连续不断地、快速交替地产生作用,最后,自然地在人的视觉中产生了混合色觉。正是因为人的这种视觉特性,人类才得以愉快地欣赏到电影、电视中彩色的连续画面。

3. 色光混合变化规律

两种以上的色光进行加色混合,不论采取何种混合方式,都能使我们得到比原来更明亮的新色光。在色光混合过程中,存在着一定的变化规律,如能掌握这些规律,将会使我们在加色混合工作中更得心应手。为研究方便,我们首先需要了解一下颜色环。

1)颜色环

颜色环是用来表达颜色混合各种规律的一个理想性示意图。

(1)颜色环的构成。

若把彩度最高的光谱色按红、橙、黄、绿、青、蓝、紫的顺序排列成行,在这个行列两端是红光和紫光。从物理学角度来说,可见光谱是不成环的,只是呈开放型的一条彩色光带。但我们也知道,可见光谱两端的色光混合后,可以产生谱外色,如红光加蓝光得品红光,红光加紫光可得品红色系的紫红色光。这样一来,我们找到了把光谱两端连接起来的纽带——谱外色。于是在我们的心理上可以使它们连成环,只要将紫红光和品红光作为连接部即可形成颜色环,如图1-3-3所示。每一种色光都在圆环上或圆环内占一确定位置,白色位于圆环的中心。颜色彩度越小,其位置点离中心越近。在圆环上的颜色则是彩度最大的光谱色。

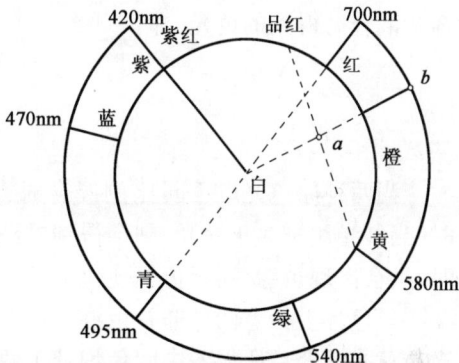

图1-3-3 颜色环

(2)互补色光。

利用颜色环,我们可以轻而易举地找到一种色光的互补色光。什么是互补色光?任何两种色光混合后得到白光,这两种色光就称为互补色光。

在色光加色混合实验中,已知三原光等量混合可以得到白光,即 R + G + B = W。白光还可以由另外的方法混合得到。例如:红光与青光混合可以得白光;绿光与品红光混合也可以得到白光;蓝光加上黄光仍可以得白光,即:

$$R + C = W$$
$$G + M = W$$
$$B + Y = W$$

让我们以红光加青光为例分析一下,就会发现,互补色光混合得白光的过程中仍含有三原色光混合的因素在内。

因为: $R + G + B = W$

又因为: $G + B = C$

所以: $R + G + B = R + C = W$

因此,红光是青光的互补色光;反之,青光也是红光的互补色光。

同理,我们可以证明绿光与品红光是一对互补色光,蓝光与黄光是一对互补色光。所有的色光互补关系中,最典型、最常用的三对互补色光是三原色的互补色光。

即: R 和 C   G 和 M   B 和 Y

颜色环上任一色光都可通过连线的方法找到自己的互补色光。一对互补色光是环上隔着圆心相对应的两种色光,只要我们通过颜色环圆心作一条直线,直线两端与环相交点的两种色光就是一对互补色光。谱外色没有自己的波长,可用其补色光的波长前加" – "(负号)来表示。如:品红光与波长为500.3nm的绿光互补,品红光的波长可写作 –500.3nm。

互补色光的要求相当严格,例如,波长为 700nm 的红光,其互补色光是波长为 495.5nm 的青光,参见图 1-3-3。而波长为 650nm 的红光则与波长 495.3nm 的青光互补。对于我们来说,知道这一点就足够了。

(3)中间色。

中间色是指任意两种非补色光相混合所产生的颜色。最典型的中间色是三原色光两两等量混合后得到的色光,即:

$$R + G = Y$$
$$R + B = M$$
$$G + B = C$$

当两种原色光以不同比例混合时,便可以得到一系列的中间色,如红光与绿光相混合时,当红光比例大于绿光,则会得到橙红色、橙色、黄橙色等色光;反之,当绿光比例大于红光时,又会出现黄绿色、绿色等变化。

颜色环上任意两种非补色混合出的所有中间色都位于连接两色的直线上。例如,品红光与黄光混合后所得各中间色均处于两色之间的连线上,参见图 1-3-3。中间色的色调决定于两种组成色光的比例大小,总是偏向于比例大的一方。如 60% 的品红光与 40% 黄光相混合,所得中间色必在两色之间的连线上,并靠近品红色端。欲知该中间色的色相,可先在品红与黄色之间作一连线,自品红端起按 40% 的比例截取线段得一交点即为中间色位置点,参见图 1-3-3 中的 *a* 点。再由圆心始过此点作连线延长至颜色环外环,环上交点 *b* 处的波长即代表所得中间色的色调。

中间色的彩度取决于原来两种色光在颜色环上的距离。两色距离越近,混合后的中间色越靠近颜色环边线,越接近光谱色,因此就越鲜艳;反之,两色光距离越远,其中间色越接近中心白光,彩度就越小。两色光距离最远时便成为一对互补色光。色光相加后的混合色光的明度是原来各单色光明度之和。

2)色光混合变化规律

1854 年,格拉斯曼(德国,1809—1877)在色光加色混合与颜色匹配实验的基础上总结出颜色混合规律,世人亦称之为格拉斯曼定律。

色光混合变化规律的主要内容如下:

(1)人的视觉只能分辨颜色的三种变化,即色相、明度、彩度。

(2)色光连续变化规律。由两种色光组成的混合色中,如果一种色光连续变化,那么混合色的外貌也发生连续的变化。这种色光连续变化的规律已在色光不等量混合实验中体现出来。例如:红光与绿光混合时,令红光为恒量,绿光为变量,绿光比例渐小,则有:R + (1→0)G = Y→R,黄 + 红光之间的一系列颜色。反之,令绿光为恒量,红光为变量,红光比例渐小,则有 G + (1→0)R = Y→G,黄→绿光之间的一系列颜色。以上(1→0)表示该原色光比例由 1 减少到 0 的连续变化。

(3)补色律。每一种色光都有自己相应的补色光。如果某一色光与其互补色光以适当比例混合,便会产生白光或灰色;如果二者按其他比例混合,便产生近似于比例大的那种色光的不饱和色,这就是补色律。

补色律中所指的灰色,实际是指较暗淡的白光,当白光不够明亮时,我们也称之为灰色。

补色律中提到的不饱和色,是指彩度不高的颜色,或者说鲜艳程度比较低的颜色。

(4)中间色律。任何两个非补色光相混合,便产生中间色,其色相取决于两种色光的相对比例,其彩度则取决于二者在颜色环上距离的远近。这就是中间色律。

由中间色律便可以解释,我们为什么能在彩色电视和彩色电影中用少量的几种颜色复制出自然界成百上千种绚丽的色彩了。

(5)代替律。外貌相同的色光,不管它们的光谱组成是否一样,在加色混合中具有相同的效果。换言之,凡是在视觉效果上相同的颜色都是等效的,这就是代替律。我们可以将代替律用下式表示:

如果色光 A = B,C = D,则 A + C = B + D。

代替律表明:只要在感觉上颜色是相同的,便可以相互代替,所得的视觉效果是同样的。

如果色光 A + B = C,但没有 A,而有 X + Y = A,那么 C = A + B = (X + Y) + B。我们可以用 X + Y 来代替 A 去获取混合色光 C。这种由代替律产生的混合色光 C,与原来 A + B 所混合出的中间色光 C 具有相同的视觉效果。

根据代替律,我们可以利用色光加色法来得到我们所需的各种色光。比如,当我们需要黄光而又一时找不到黄色光源时,就可以根据代替律,用 R + C = Y 的方法混合出视觉上相同的黄光。

(6)明度相加定律。混合色光的明度等于组成混合色各颜色光的明度的总和,这一定律叫作明度相加定律。明度相加定律体现了色光加色混合时的能量叠加关系,可以帮助我们从实质上和总体效果上来理解色光加色法,熟练掌握用三原色光混合颜色的定量关系。

格拉斯曼加色定律是色光混合的基本规律,它只适用于各种颜色光的混合,不能用于颜料和染料的混合。从以上有关规律中可以看出,以各种比例的三原色光相混合,可以产生自然界中的一切色光。如果能熟练掌握色光加色法及其有关定律,对于我们分析各种色光的组成、比例、混合结果及产生的影响都将是十分有利的。

二、色光加色法实验

1. 实验目的

使学生认识色光三原色,初步掌握色光加色法的运用,了解加色混合的基本规律及主要方式,进一步提高识别颜色的能力。

2. 实验用品

(1)幻灯机 3 台,调压器 3 台。

(2)白色屏幕。

(3)红、绿、蓝、黄色滤色片各 1 张,型号为柯达雷登 No. 25、No. 58、No. 47B、No. 8。

(4)三棱镜 1 个。

(5)10 倍放大镜 1 个。

(6)直径约 5cm 的圆形纸板 4 张,火柴 4 根,红、绿、蓝色纸或颜料均可。如用色纸,需有剪刀、胶水;如用颜料,需备毛笔 1 支。

3. 实验项目

下列项目1)~3)在暗室中进行,4)在白光下操作或在课堂进行。

1)认识色光三原色

(1)重复光的色散实验,注意光谱中各单色光宽度的比较。注意红光、绿光、蓝光的色调特征。

(2)先通过调压器使3台幻灯机白光亮度相同,将红、绿、蓝3张滤色片分别置于3台幻灯机光源前,将三束原色光平行照射在白色屏幕上,观察其色相,并比较三者的亮度。

2)色光加色混合

(1)将三原色光两两等量混合,对照色光加色法定义,观察并熟记三种混合色光的色调。注意比较新色光与原色光的明亮程度,深刻理解色光加色法的实质。

(2)将红光与绿光重叠后,红光不变,通过调压器使绿光比例逐渐减少;再将绿光恢复至原状,使红光比例逐渐减少。观察这两个过程中混合色光的连续变化情况,深刻理解色光连续变化规律和中间色律。

(3)三原色光重叠于屏幕上,观察混合色光的色调,加深对三原色光等量混合后得白光的理解。

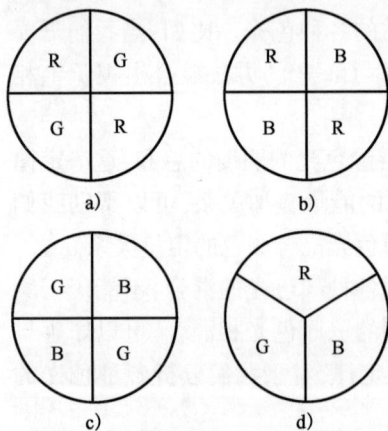

a) b)

c) d)

图1-3-4 动态混合时的颜色组合示意图

3)互补色光

(1)先将红光和绿光重叠后得黄光,再将蓝光与之重叠,认识蓝光与黄光的互补关系,同理,可分别证明绿光和红光的互补色光是品红光和青光。

(2)将蓝光照射到屏幕上,再将黄滤色片No.8置于幻灯机上得黄光,将黄光与蓝光重叠,观察混合色光是否是白光,深刻理解补色律。

4)加色混合方式

动态混合:将4张圆纸板表面分别涂成图1-3-4的颜色组合(或贴上色纸亦可),圆纸板中心插上火柴杆,制成陀螺,使之旋转,观察色光动态混合情况。

4. 观察记录及实验结论(表1-3-1)

观察记录及实验结论   表1-3-1

实验内容与步骤	主要现象及结论
1. 认识三原色光 步骤:	(1) R + G + B = (　　　) (2) 三原色光的亮度由强到弱顺序:
2. 色光加色混合 步骤:	(1) R + G = (　　　) 　　 R + B = (　　　) 　　 G + B = (　　　) (2) R + (1→0)G = (　　　) 　　 (1→0)R + G = (　　　)

续上表

实验内容与步骤	主要现象及结论
3.互补色光 步骤:	(1)(R＋G)＋B＝(　　) (2)Y＋B＝(　　)
4.加色混合方式 步骤:	四个陀螺旋转时表面颜色: R-G 组合:(　　)色 R-B 组合:(　　)色 G-B 组合:(　　)色 R＋G＋B 组合:(　　)色

三、单 元 练 习

1.哪三种颜色被确定为色光三原色? 为什么?

2.色光三原色的波长及色调如何?

3.什么是色光加色法? 三原色光等量混合的结果各是什么?

4.色光加色法的实质是什么?

5.举例说明视觉器官外的加色混合。

6.什么是视觉器官内的加色混合? 这种加色混合又包括哪两种类型?

7.举例说明色光的静态混合。

8.举例说明色光的动态混合。

9.什么是互补色光? 说出最典型的三对互补关系。

10.什么是中间色光? 最典型的中间色光是哪三种?

11.什么是色光连续变化规律?

单元4 色料减色法

学习目标

1. 叙述色料的概念和分类；
2. 知道色料三原色的确定过程和原则；
3. 用品红、青、黄三种颜料做色料三原色的混色实验；
4. 叙述色料减色法的混色规律。

一、相 关 知 识

1. 色料三原色

在白光的照射下,我们身边的各种物体都呈现着不同的颜色。树叶的绿色、花朵的红色、沙土的黄色、海水的蓝色,这些颜色是上述物体天然生成的颜色。还有一些物体的颜色是后天由人工添加才具有的。比如:印染工人将白布染成五颜六色的色布、画家在白纸上画出绚丽多彩的图画、油漆工给家具涂上色彩鲜明的保护层、印刷工人复制出色彩丰富的彩色印刷品,这一切都离不开色料。通常,我们把这些能互相混合调色,经过涂染后能使其他物体改变颜色的物质叫作色料。

1）色料的分类

我们可以按照色料溶解性的不同,将其分为染料和颜料两大类。

（1）染料。

凡能溶解于水或油性溶剂,并能使纤维及其他材料着色的有机物质称为染料。染料又可分为天然与合成两类。天然染料大多是植物性染料,如茜素是古代就开始使用的、从茜草根中提取的红色染料;藤黄来自于藤黄树皮切口处渗出的有毒性的黄色液汁;靛青则是用蓼蓝叶泡水调和石灰沉淀所得到的蓝色染料。合成染料主要是近代从煤焦油或石油中经化学加工而成的人造染料。由于合成染料种类多、产量大、色泽鲜艳、耐光性及化学稳定性均优于天然染料,所以,现在各行业使用的染料以合成染料为主。

当染料溶于水或油之后,染色时能以分子态与被染物体结合,所以能深入到物体内部并与物体结合得比较牢固。染料被广泛地用于纺织、塑料、橡胶、造纸、食品工业等方面。常用的有:偶氮染料、金属络合物染料、萘酚染料、靛蓝染料、硝基染料、酞菁染料等。彩色摄影所用的感光材料,如彩色胶卷和彩色相纸的感光膜层中,由染料来着色,从而形成彩色影像。各种滤色片也是用染料染制而成的。

（2）颜料。

颜料是指不溶于水或油的白色、黑色或彩色粉末状物质。颜料既可以是无机化合物，也可以是有机化合物。颜料还可以分为天然与合成两类。天然颜料多为矿物性的，如朱砂、石绿等，过去多用作绘画颜料。合成颜料种类很多，无机颜料如钛白、铬黄；有机颜料如酞菁、淀红色等。颜料是由许多颜料分子组成的颗粒态与物体结合，通常多是涂于物体表面呈色的。颜料被广泛用于油漆、油墨、绘画等行业。颜料还可以分为透明和不透明两种。透明颜料没有遮盖力，可以看到底层的色彩，油墨、水彩画及国画颜料多属此类。不透明颜料有遮盖力，能把底色盖住，油漆及油画、水粉颜料多属此类。

多数物体呈现颜色，是因为它们能对入射光进行选择性吸收和反射或透射。我们把物体对光的选择性吸收称为减色。色料，不论是染料还是颜料，由于它们不只是本身能呈现颜色，还能够互相混合调色，经过涂染后使其他的物体改变颜色，也都是依靠选择性吸收呈色，所以色料本身呈色以及混合涂染后呈色都是减色过程。

2）色料三原色的确定

色光与色料都具有众多的颜色表象，但它们却是完全不同的两类物质。我们已经在色光中找到了红、绿、蓝三种原色光，以此可以混合出所有的色光。那么，众多的色料中，是否也存在着几种最基本的原色料呢？由这几种原色料混合是否也能调配出其他任何色料呢？

（1）色料三原色的确定过程。

在确定色料三原色的过程中，人们最早是采用了色光三原色相同色调的三种色料进行实验。人们选用红、绿、蓝三张彩色染料制成的滤色片进行了实验。滤色片是一种能透过本色光，选择性吸收其余色光的减色物质。例如：红滤色片，作为彩色透明体，它能选择性吸收白光中的绿光和蓝光，只透射过去红光。

在图1-4-1a)中，白光照到红滤色片上时，经过它选择性吸收掉绿光和蓝光，只有红光能透过去，而红光又被后面的绿滤色片所吸收，最后的结果是没有任何色光能透过，所以得到黑色。同样，在图1-4-1b)、c)中也只能得到黑色。如用上述三种色料两两等量混合亦分别得到更暗淡的近似黑色。因此，试用红、绿、蓝色料作为原色料的实验终归失败。原因在于这三种色料分别选择性吸收光谱2/3波长范围的色光，只反射或透射了1/3波长范围的色光，即吸收的色光太多。当这样的两种色料相混合，均可全部吸收辐射光，因此无法得到各种鲜艳明亮的其他色彩。

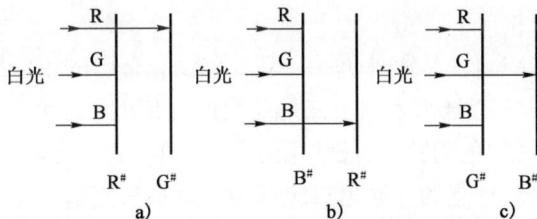

图1-4-1 红、绿、蓝滤色片两两叠合呈色示意图
R#、G#、B#—红、绿、蓝滤色片

从上述实验结果中，人们得到了启发：只有吸收少、透过或反射光谱较宽波长范围的色料才有希望做基本的原色料而调配出多种颜色。而具备这种特点的色料恰是色光三原色

红、绿、蓝的互补色——青、品红、黄三色。它们分别能吸收光谱中 1/3 的色光,反射或透射 2/3 波长范围的色光。

人们按与上面相同的操作方法使用青、品红、黄三种滤色片进行混色实验,情况果然大有改观,如图 1-4-2 所示。

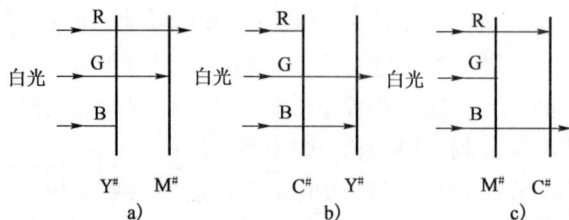

图 1-4-2　黄、品红、青滤色片两两又能叠合呈色示意图
Y#、M#、C# – 黄、品红、青滤色片

因为每张滤色片通过的是光谱中 2/3 的色光,任意两张重叠减色后通过的光是色光三原色之一。例如:图 1-4-2a)中黄滤色片只吸收白光中的蓝光,透过红光和绿光。当红光和绿光照射到后面的品红滤色片时,绿光会被品红滤色片所吸收,只有红光能够透过。这说明黄色料与品红色料等量混合,结果是得到红色。同理,黄滤色片和青滤色片重叠后可得绿色,品红滤色片与青滤色片重叠后则得到蓝色。同理,将黄、品红、青三种颜料在调色板上作两两等量混合,可以得到与同色滤色片相重叠后的颜色效果。人们将这三种色料任意两种以不同比例混合,再将三种色料以不同比例混合,结果得到了自然界中几乎所有的颜色。另外,人们还选用其他的颜色作为基本色料进行调配,却无论如何也调不出黄、品红、青这三种颜色。

综上所述,根据色料混合实验结果,以黄、品红、青三种色料为基础,以任意两色或三色按不同比例相混合,可以调配出其他所有的颜色。反之,自然界中任何其余色料都无法混合出这三种颜色。因此,我们将黄、品红、青三种色料确定为色料三原色,也称减色法的原色,简称为三原色料。

(2)色料三原色的色调及代号。

通过理论推导及实验结果验证,我们已确定了色料三原色为黄、品红、青。因为色调可以用主波长表示,我们可以用下列主波长表示色料三原色:黄(Y)572.5nm,青(C)482nm,品红(M)500.3nm。

这里有两点应加以注意:一是谱外色——品红色没有自己的主波长,它的波长绝对值是其补色光的波长,前面加"–"号来表示。二是前面所列出的一组色料三原色主波长数值及书后插页彩图 7 中所展示的色调,都是最常用的一组三原色料,上述数字仅供参考。

根据前面的理论推导,理想的三原色料应该是完全吸收光谱中 1/3 波长范围的色光,完全反射或透射 2/3 波长范围的色光。光谱曲线如图 1-4-3 所示。

从曲线上可以看出:图 1-4-3a)中黄色料从白光中选择性吸收了蓝光,即从白光中减去了蓝色光,所以我们也将黄色料称为减蓝色,记为"–B"。黄色料减去蓝色光恰好是黄光的互补色光,而黄色料所反射出的白光中剩余的两种原色光——红光与绿光,恰好组成黄光。同理,图 1-4-3b)中品红色料选择性吸收白光中与它互补的绿光,反射出红光和蓝光,我们称

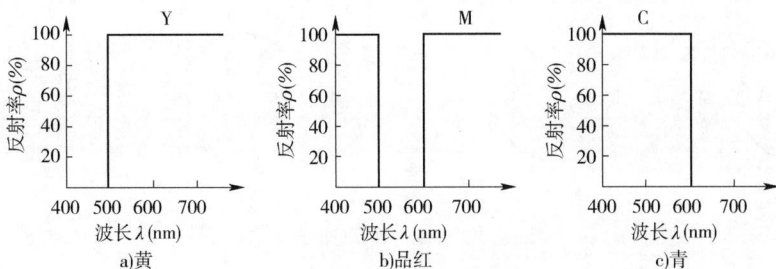

图1-4-3　理想色料三原色光谱曲线

品红色料为减绿色,记为"－G"。图1-4-3c)中青色料选择性吸收白光中与它互补的红光,反射出蓝光和绿光,青色料被称为减红色,记为"－R"。通常三原色料可用下列名称或代号来表示:

色 相	别 名	代 号
黄	减蓝色	Y 或 － B
品 红	减绿色	M 或 － G
青	减红色	C 或 － R

减蓝色、减绿色和减红色又统称为减原色,从中反映出色料三原色与色光三原色之间有着密不可分的、特定的关系,即对应互补关系。如色料三原色中的黄色能反射出黄光,黄光与被减去的蓝光相加即可得到白光。

我们上面分析的是理想三原色料的光谱曲线及它们的理想的吸收和反射情况。实际应用中的色料,由于来源是矿物、植物及人工合成产品,在加工过程中,难免混有杂质,现在的提纯手段还难以达到非常纯净的程度。所以,实际使用的色料与理想的状况尚有一定的差距。

2. 色料减色法

白光是多种单色光混合而成的典型的复色光,为了使问题简单化,更便于分析起见,我们一直在使用"三原色光组成白光"这个说法,同样在分析色料减色法时,仍要以此为前提。大多数物体呈色是由于物体自身化学结构所决定的吸收某些原色光而减色的结果。

1)色料减色法定义

从对三原色的吸收、反射情况的分析中可以看出,每种色料都会从白光中选择性吸收一种原色光,即减去一种原色光,反射另外两种原色光,这个过程可用下式表示:

黄色料:　　　　　　　　　　$W - B = R + G = Y$

品红色料:　　　　　　　　　$W - G = R + B = M$

青色料:　　　　　　　　　　$W - R = G + B = C$

通常,我们把用色料从白光中减去一种或几种单色光,而呈现另一种颜色的方法称为色料减色法,简称为减色法。

色料呈色的原理是减色法原理,各种彩色物体呈色原理同样是减色法原理,两种以上色料混合调出新颜色也属于减色法原理。如果我们将三原色料中的其中任意两种等量混合,可以分别得到红、绿、蓝三种新的颜色,如图1-4-4所示。

三种色料两两等量混合的效果可由下式表示:

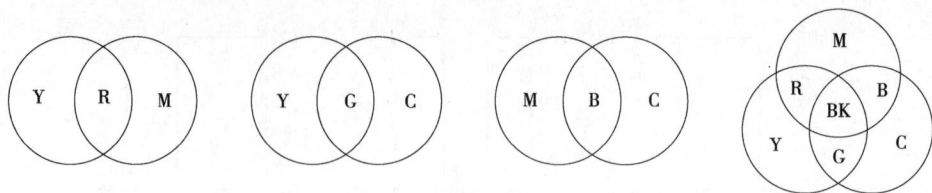

图 1-4-4　三原色料等量混合效果

$$黄 + 品红 = 红$$

即：
$$Y + M = R$$

因为：
$$Y = -B, \quad M = -G$$

所以：
$$Y + M = W - B - G = R$$

同理可得：
$$黄 + 青 = 绿 \qquad 品红 + 青 = 蓝$$

减色过程：
$$W - B - R = G \qquad W - G - R = B$$

如果将两种原色料以不同比例混合,则会得到一系列渐变的新颜色。例如:黄色与青色相混合,当二者等量混合时得绿色,当固定黄色量不变,逐渐减少青色的量,可得由绿→草绿→黄绿→浅黄绿→黄色等一系列颜色。若青色量保持不变,逐渐减少黄色量,则可得由绿→翠绿→青绿→青色等多种颜色。这里列举出的只是混合色的一部分,实际能混合得到的颜色变化会更丰富。通常混合色的颜色总是倾向于比例大的那种原色。

当我们将三种原色料等量混合时,就可以得到黑色,参见书后插页彩图7。三原色料等量混合表达式为:

$$黄 + 品红 + 青 = 黑$$

即：
$$Y + M + C = W - B - G - R = BK$$

如果将三原色料逐渐等量减少,就会得到一系列由深到浅的灰色。理想的三原色料等量混合应该得到标准的黑色和一系列中性灰色,但实际的颜料往往达不到要求,所以实际色料三原色混合只能得到近似黑色。

如果将三原色料不等量混合,便会得到变化多样的多种混合色。

综上所述,三原色料按减色法进行混合后,便可以产生自然界中几乎所有的颜色,各种色料和彩色物体,呈色都是按减色法的原理,绘画、彩色摄影也是以色料减色法为理论基础的。可见,减色法是颜色工作中的重要原理之一。

2）色料减色法实质

当我们将减色混合后得到的新颜色与原来的色料相比较,就会发现一个明显的特点:新颜色总是比原来的颜色更暗。例如,黄色和品红色等量混合后会得到红色,红色的明度就比黄色和品红色都要小;黄色与青色混合得到的绿色也比两种原色料的明度小;品红色和青色混合出的蓝色同样比两种原色料要暗;由三种原色料混合得到的黑色,无疑比任一种原色料都暗得多。为什么会出现这种现象呢?

色光加色混合时,能将各色光的能量叠加,由于光能量的增加,混合色光的亮度就会增加。对于减色法来说,恰好与加色法相反。减色法是通过色料对光的选择性吸收,减去一种或几种单色光,使反射或透射的光能量减小。色料进行减色法混合时,则分别减去各自应吸收的部分色光,使得到的混合色反射或透射的光能量进一步降低,颜色自然会更加深暗。

由此可见,色料减色法的实质是:色料的选择性吸收,使色光能量削弱。由于色光能量降低,新颜色的明亮程度就会降低而趋于深暗。简言之:色料相加,能量减弱,越加越暗。

3.色料混合变化规律

两种以上的色料进行减色混合,无论采用何种混色方式,都能得到比原来颜色更深暗的新颜色。在色料混合的过程中,存在着一定的变化规律。研究和掌握这些规律,将给我们下一步学习调色知识带来很大的益处。

1)间色形成规律

间色是由原色混合而形成的。色料中最基本的、能混合出其他所有的颜色,却不能由其他色料混合得到的色称为原色。由于它们处于基础的地位,也被称为第一次色,以显示重要性。黄、品红、青色是色料中的三原色。

(1)间色的定义。

间色是指由两种原色料混合得到的颜色,又称为第二次色。从减色的角度说,当一种色料中含有两种原色的成分时,这种色料是间色,这里说的成分是指色料的吸收特性而言,而非化学成分。例如,绿色是一种间色,它可以用黄色和青色两种原色料调和得到。黄色是减蓝色,吸收白光中的蓝光;青色是减红色,吸收白光中的红光,使入射白光中只剩下绿光未被吸收而反射出来。而绿色也可以是单一的绿色颜料,从化学成分说,它并非黄色和青色两种颜料的混合体,但它同样具有能吸收白光中的蓝光和红光的特性,只反射出绿光。

(2)间色的形成规律。

按形成间色的两种原色的比例多少,可分为如下两种情况:

①两种原色料等量混合,可得到典型的间色——红、绿、蓝色:

$$Y + M = R$$
$$Y + C = G$$
$$M + C = B$$

色光相减过程:

$$W - B - G = R$$
$$W - B - R = G$$
$$W - G - R = B$$

两种原色料分别等量混合时,各经过两次减色后,最后呈现的颜色与色光三原色的色调一样。

②两种原色料不等量混合,可得一系列颜色渐变的间色,色相偏向于比例大的原色。

例如:当黄与品红色料等量混合时得红色;令黄色为恒量,品红色为变量,比例连续减小,则有下式:

$$Y + (1 \rightarrow 0)M = R \rightarrow Y$$

可得由典型的间色红至原色料黄之间的一系列颜色渐变的间色;反之,令品红为恒量,黄为变量,比例逐渐减小,则有:

$$(1 \rightarrow 0)Y + M = R \rightarrow M$$

可得由典型的间色红至原色品红之间的一系列颜色渐变的间色。

$$Y + (1 \rightarrow 0)C = G \rightarrow Y$$
$$(1 \rightarrow 0)Y + C = G \rightarrow C$$
$$M + (1 \rightarrow 0)C = B \rightarrow M$$
$$(1 \rightarrow 0)M + C = B \rightarrow C$$

同理可得：

只要参与混合的原色量稍加改变，混合色的色相就会随之产生变化。

2）复色形成规律

复色与间色同样是由原色料混合而成的，但其成分比间色要复杂，颜色的彩色也比间色要低。复色没有间色和原色那么鲜艳夺目，显得更稳重朴素和典雅。

（1）复色的定义。

三种原色料相混合形成的新颜色被称为复色，也可称为第三次色。形成复色的手段很多。复色可以用三原色混合、两种间色混合、三种间色混合、原色与间色混合等方式形成。只要混合色中含有三种原色料的成分，这种颜色就是复色。

（2）复色的形成规律。

复色的调配方法很多，常用的有以下几种：

①三原色等量混合，可得黑色或灰色。

$Y + M + C = BK$ 色光相减过程：$W - B - G - R = BK$ 当三原色量同等程度地逐渐减小时，可得由深到浅的一系列无彩的灰色。

②三原色不等量混合时，可得一系列的复色。如果由三种原色料不等量混合，调出的色相仍是彩色，但由于第三种原色的加入，使颜色的明度和彩度都会降低。

例如，2 份黄和 1 份品红、1 份青色调和，写成方程式为：

$2Y + M + C = Y + (Y + M + C) = Y + BK = $ 古铜色

同理：$Y + 2M + C = M + (Y + M + C) = M + BK = $ 紫红色

$Y + M + 2C = C + (Y + M + C) = C + BK = $ 橄榄色

色料三原色 Y、M、C，加上三种典型间色，再加上四种复色黑色、紫红色、橄榄绿和古铜色，总共 10 种颜色，常称为色料的基本十色，如图1-4-5所示。

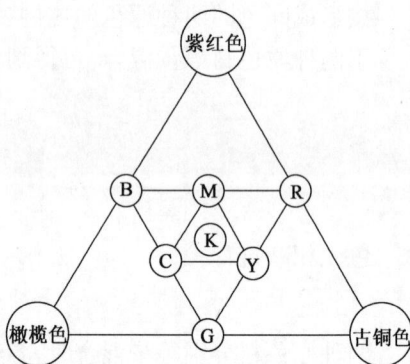

图1-4-5 色料基本十色关系图

如果：$2Y + 2M + C = (Y + M) + (Y + M + C) = R + BK = $ 深红色

则：$2Y + M + 2C = (Y + C) + (Y + M + C) = G + BK = $ 深绿色

$Y + 2M + 2C = (M + C) + (Y + M + C) = B + BK = $ 深蓝色

由以上例子可以看出，三原色料不等量混合时，总会有三原色等量的一部分能够形成黑色。由于这部分以最少量原色为标准而形成的黑色的存在，使复色总比原色或间色显得更深暗。三原色料不等量混合有以下三种情况，如图 1-4-6 所示。

当 A > B > C 时，以 C 为标准的三原色等量部分构成黑色，只影响复色的明度和彩度，复色的色相主要由 A 和 B 的比例大小来决定，如图 1-4-6 所示。

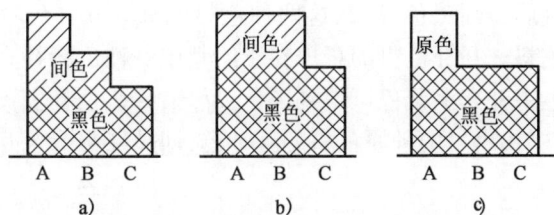

图 1-4-6 三原色料不等量混合示意图

A、B、C-三原色料

当 A = B > C 时,以 C 为标准的等量部分构成黑色,复色的色相倾向于 A 与 B 的间色色相,如图 1-4-6b)所示。

当 A > B = C 时,以 B、C 的量为标准的等量部分构成黑色,复色的色相为倾向于原色 A 的更暗淡的色相如图 1-4-6c)所示。

显而易见,三原色量做不等量的减色混合时,所得复色实际由两部分组成:一部分是以最少的原色量为标准的三原色等量形成的黑色;另一部分则是除去上述部分的单色或双色部分,随具体情况不同,使复色偏向于原色或间色的色相。可以认为:第三种原色的加入不能改变这些颜色的色彩倾向,只参与构成黑色而降低复色的明度和彩度。

(3)其他混合方式构成复色。

构成复色实质上都是三原色的不等量混合。除了上述三原色混合构成复色外,还有以下几种偶尔也可采用的方式:

①原色与间色混合构成复色,其前提是间色中不含有该原色的成分。例如,原色料黄与间色蓝混合,间色蓝是由品红与青两种原色混合得到的,所以其中不含有黄色成分。两者混合结果为:

$$Y + B = Y + (M + C) = BK$$

如果原色黄与蓝色附近的青蓝色、蓝紫色等相混合,则可以得到较暗的复色。实际上一原色与不含该原色成分的间色混合,是三原色的不等量混合,所以结果是得到复色。

②间色与间色混合构成复色。此种构成复色的方式,实质上也是三原色的不等量混合。例如,间色红与间色绿相混合:

$$R + G = (Y + M) + (Y + C) = Y + (Y + M + C) = 2Y + M + C = 古铜色$$

③原色与黑色混合。此处黑色可看做等量的三原色。

例如:$Y + BK = Y + (Y + M + C) = 2Y + M + C = 古铜色$。

通过上述分析看出,无论采用什么方式将三原色混合之后,都可得到变化丰富的间色和复色。由此进一步证明:三原色料可以混合出所有颜色。

3)减色法互补规律

(1)互补色料。

已知三原色料等量混合后可得黑色,即:

$$Y + M + C = BK$$

如果我们将品红和青混合后得到的间色蓝与另一原色黄相混合,也可以得到黑色,即:

$$Y + B = Y + (M + C) = Y + M + C = BK$$

任何两种色料混合后得到黑色,那么这两种色料就称为互补色料。上述过程中的黄色与蓝色就是一对互补色料。互补色料的意思在于给其中一种色料补充上另一种特定的颜色就可得到黑色。给黄色中补充上蓝色可得到黑色;反之,给蓝色补上黄色也可得到黑色。利用同样的方法,我们可以找出另两种原色料的互补色,即品红与绿色互补,青色与红色互补,因为:

$$M + G = M + (Y + C) = Y + M + C = BK$$
$$C + R = C + (Y + M) = Y + M + C = BK$$

(2)减色法互补规律。

每一种色料都有自己相应的互补色料。如果某一色料与其互补色料以适当的比例相混合,便会得到黑色。由上述减色法互补规律可知,任何一种色料都可与另一种构成互补关系的颜色混合形成黑色。在众多的互补关系中,最典型的互补关系有三对,分别是:Y 和 B,M 和 G,C 和 R。

除了应该熟记这三对互补关系外,其他颜色的互补色则可以到颜色环中去寻找。

4)减色法代替律

两种成分不同的颜色,只要视觉效果相同,就可以互相代替,这个规律叫减色法代替律。

4.加色法与减色法的关系

加色法与减色法都是颜色混合过程中的主要方法,是物体呈现颜色和改变颜色的基本理论依据,加色法与减色法是互相联系,既有共同点,又有不同点的两种颜色混合方法。

1)加色法与减色法的共同点

加色法与减色法有许多共同点,具体表现在以下几个方面。

(1)加色法与减色法都属于颜色混合的方法,都与色光有关系,也都有能量的变化。加色法是不同色光相混合产生新色光的方法,是两种以上的色光同时或先后刺激人眼而引起的色效应,能量值增大,所以新色光更加明亮。而减色法是通过色料的减色作用即选择性吸收某些色光来实现的。换言之,减色法是从白光中减去某些色光而得到另一种色光刺激所产生的色效应。由于色光被减,能量值变小,所以通过减色法混合后得到的新颜色总是更加暗淡。

(2)加色法和减色法都有自己的三原色。加色法的三原色是红光、绿光和蓝光。用这三种原色光可以混合出其余所有的色光,而它们本身不能由其余色光混合得到。

减色法三原色是黄、品红和青色。用这三种色料可以混合出其余所有的颜色,而它们本身却无法由别的色料混合出来。

(3)加色法和减色法都有相同的互补关系。例如二者都有典型的三对互补关系,即为:Y 和 B,M 和 G,C 和 R。

虽然互补关系相同,但结果却有不同,即色光互补为白光,色料互补得黑色。

以上为加色法和减色法之间主要的共同点。

2)加色法与减色法的区别

虽然加色法与减色法有许多共同点,同属于颜色混合的方法,但它们又是两种不同的成色方法,也有许多的不同点,如原色不同,混合效果、成色方式、实质及用途等都有区别。加色法与减色法的主要区别见表1-4-1。

加色法与减色法的区别　　　　　　　表 1-4-1

混合方法 / 比较项目	加　色　法			减　色　法		
参与混合的物质	色光			色料(染料、颜料)		
三原色色相及主波波长(nm)	R 700	G 646.1	B 435.8	Y(-B) 572.5	M(-G) -500.3	C(-R) 482
成色基本规律	R+G=Y R+B=M G+B=C R+G+B=W			Y+M=R Y+C=G M+C=B Y+M+C=BK		
实质与效果	色光相加,能量增大,明度升高			色料相加,能量减小,明度降低		
成色方式	视觉器官外混合;视觉器官内混合:静态混合,动态混合			色料的调和;透明色层的叠合		
互补关系	互补色光相加成白光			互补色料相加形成黑色		
主要用途	颜色测量,彩色电影,彩色电视,剧场照明			彩色绘画,彩色印刷,彩色摄影,油漆调色		

二、色料减色法实验

1. 实验目的

使学生认识和熟悉色料三原色,掌握减色混合的基本规律和成色方式。

2. 实验用品

(1)幻灯机 1 台(白色光源)。

(2)白色屏幕。

(3)滤色片 3 张(东风牌 50Y,50M,50C)。

(4)色料三原色(水彩颜料、水粉颜料或油漆均可)。

(5)画笔 1 支、调色盘 1 个、绘画纸 1 张、纸杯 10 个。

3. 实验项目

1)滤色片叠色效果(在暗室中进行)

(1)先将黄、品红、青三张滤色片分别置于幻灯光路中,将光束打到屏幕上,仔细观察三原色料的色相,并写出色光相减的过程。

(2)按下列组合将滤色片置于光路中:

黄+品红,黄+青,品红+青,黄+品红+青

注意使各滤色片之间留出适当缝隙,以便分段观察滤色片叠合减色效果。

要求写出颜色混合方程式。

2)颜料调和成色

(1)利用水彩颜料黄、品红、青色,按照减色混合规律,在白纸上给出相同面积的 10 个色

块。三原色块:Y、M、C 色;三间色块:R、G、B 色;四复色块:古铜、紫红、橄榄、黑色。

(2)写出间色和复色的颜色混合方程式。

4.观察记录及实验结论(表 1-4-2)

观察记录及实验结论 　　　　　　　　　　　　　　　　　　表 1-4-2

实验内容与步骤	主要现象及结论
1.滤色片叠色效果 步骤:	$Y + M = W - (\ ) - (\ ) - (\ ) = (\ )$ $Y + C = W - (\ ) - (\ ) - (\ ) = (\ )$ $M + C = W - (\ ) - (\ ) - (\ ) = (\ )$ $Y + M + C = W - (\ ) - (\ ) - (\ ) = (\ )$
2.颜料混合成色 步骤:	(1)间色的形成: 　　　$Y + M = (\ )$ 　　　$Y + C = (\ )$ 　　　$M + C = (\ )$ (2)复色的形成: 　　　$B + G = (\ )$ 　　　$B + R = (\ )$ 　　　$R + G = (\ )$ 　　　$Y + M + C = (\ )$

三、单 元 练 习

1.什么是色料、染料和颜料?

2.什么是减色?

3.什么是色料三原色? 为什么?

4.写出色料三原色的别名和代号。

5.什么是色料减色法? 三原色料任意两种等量混合的结果各是什么?

6.色料减色法的实质是什么?

7.什么是间色和复色?

8.以 R + B 为例,分别证明两种间色混合实质上是三原色的不等量混合。

9.什么是互补色料? 有哪三对典型的互补色料?

10.什么是减色互补规律?

11.什么是减色法代替律?

12.橄榄色除了"Y + M + 2C"这种组合方式外,还能采用什么组合方式?

13.加色法与减色法有哪些主要的共同点?

14.加色法与减色法有哪些主要的不同点?

第二篇　涂料基础知识

涂料是一种有机高分子胶体混合物的溶液或粉末。这种采用适当的涂装方法，在汽车车身及零部件上进行涂覆的高分子混合物，其干固后会形成连续而坚韧的薄膜，从而对汽车表面起到保护、装饰、标识及其他特殊作用。

涂料是由油漆发展演变而来的。早期的涂料是以桐籽油中榨取的桐油和漆树上采集的漆液作为主要原料，经净化、熬炼制成，所以自古以来一直习惯称它为"油漆"。但随着科学技术和石油化学工业的发展，为涂料业提供了大量的高分子合成树脂及合成油等新型原料，采用这些原料生产的涂料在性能、质量、品种等方面比原来的油漆更胜一筹，这就是现在广泛使用的"有机涂料"，简称"涂料"。因此，油漆这个名称已不能包含由高分子合成树脂及合成油等炼制而成的产品，涂料则可以包含油漆。但是由于"油漆"一词沿用已久，所以人们还是习惯把这些有机涂料称为"油漆"。

单元1　涂料的组成、分类及命名

学习目标

1. 了解涂料的组成；
2. 能叙述出涂料的各种分类方法；
3. 知道涂料命名的含义。

一、相关知识

1. 涂料的组成

涂料是由主要成膜物质、次要成膜物质及辅助成膜物质组成。主要成膜物质指的是黏结剂(各种类型的树脂)，也称其为基料、漆料或漆基。次要成膜物质是指颜料(填料、色料等)。辅助成膜物质是指溶剂和助剂等。涂料的具体组成如图 2-1-1 所示。

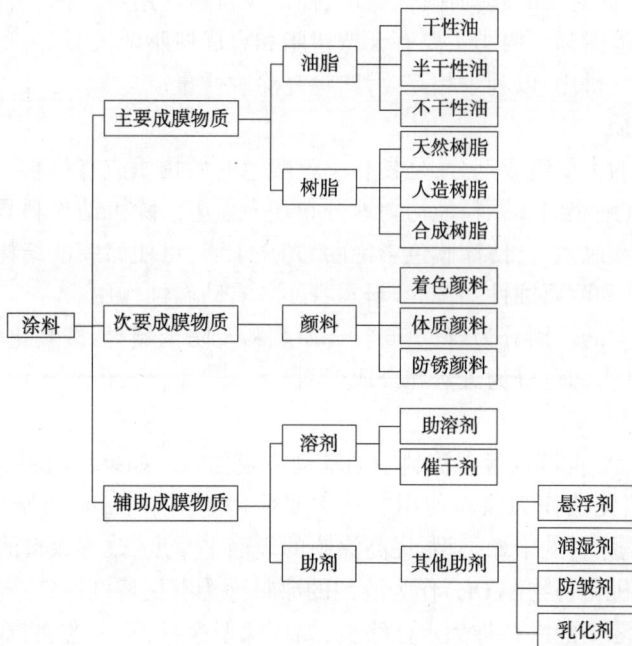

图 2-1-1　涂料的组成

涂料是由不挥发物和挥发物组成。不挥发物又称固体物,在涂料涂布和干燥过程中不会挥发逸出,留在被涂物面上形成涂膜的部分。挥发物主要是指稀释剂、溶剂及个别的助剂。挥发物在成膜过程中挥发逸出,不参与涂膜的组成。但这种说法只针对溶剂型涂料或高固体分含量的涂料,对粉末涂料则不适应。

涂料组分是指涂料中各组成部分的含量及名称。由于组分的不同才有了不同品质的涂料。涂料中各组分的作用是:

1) 主要成膜物质

油料、树脂是涂料的基础,是主要成膜物质,起固着或黏结作用。它能将颜料等其他成膜物质黏结在一起而形成涂膜;与被涂物体表面形成很强的附着力,从而对产品起到保护、装饰、标识及特殊作用等。

(1) 油料即油脂,通常以在常温下为液体的称油,固体的叫脂。油料来源于植物种子的植物油和动物脂肪的动物油,而用于涂料的主要是植物油。油料的化学成分是脂肪酸甘油酯,具有共轭双键的分子结构,容易与空气中的氧结合而干固成膜,其含量的多少直接影响到涂料的干燥速度。

(2) 树脂是多种有机高分子化合物相互溶和而成的非晶体固体或黏稠体。由于树脂的相对分子量都很大,因此,把所有高分子化合物通称为树脂。纯树脂多呈透明状或半透明状,没有固定的熔点,但在受热后会软化,并逐渐熔化。多数树脂溶于有机溶剂,但不溶于水。树脂具有良好的机械性能和电绝缘性。将树脂的有机溶液涂布在物体表面上,待溶剂挥发后能形成一层连续的薄膜,故树脂是涂料中的主要成膜物质。

涂料中的树脂能将颜料及其他成膜物质黏结在一起而形成涂膜,具有与被涂物面间形成很强的附着力,从而对产品起到保护、装饰、标识及特殊作用等。因此,树脂的性能直接影响着涂膜的各项性能指标。树脂主要有天然树脂和合成树脂两大类,为了改善涂料性能,经常采用几种树脂相互拼用,以利于相互改性,提高涂膜质量。

2) 次要成膜物质

颜料是涂料中的主要组成部分,是具有一定颜色的矿物质或有机物。既不溶于水,也不溶于其他介质,但其细小固体颗粒能均匀地分布在介质中。除可使涂料具有一定的色彩外,还能增加涂膜厚度和遮盖力,使涂膜色彩艳丽、光亮丰满;可使涂膜的结构更加致密,提高涂膜的耐候性、耐磨性和耐腐蚀性;有的颜料本身还具有防腐蚀作用。

按颜料在涂料中的作用分为着色颜料、体质颜料及防锈颜料;按其化学成分可分为有机和无机颜料;若按其来源可分为天然和合成颜料。

3) 辅助成膜物质

(1) 溶剂、稀释剂、助溶剂等是涂料中的辅助成膜物质。如果将涂料与颜料相混合,只能形成膏状或粉状物,无法作为涂料使用。其主要作用是溶解、稀释树脂,调节涂料的黏度。除此之外,还能调整涂料的干燥类型,提高涂膜的表面平整度,改善涂料的施工性能等。

采用挥发性有机化合物(VOC)作为溶剂的涂料称为有机溶剂涂料,对环境污染严重,且易燃。采用水作为溶剂的涂料称为水性涂料,属环保型涂料,不易燃,将成为 21 世纪汽车用涂料的主流。

(2) 助剂是涂料中必不可少的材料,用于提高或增强涂料的某一性能。如催干剂能促进涂料的干燥速度,改善涂布性能;防潮剂可防止因空气湿度大而产生的"白化"缺陷。另外还有固化剂、抗老化剂、流平剂、颜料分散剂等。

2.涂料的分类

1)涂料的分类

世界各国的涂料产品没有一个统一的分类、命名和型号标准,按不同的分类方法涂料可以分为多种类型,下表2-1-1列出了与汽车修补涂装关系密切的涂料分类方法。

常用涂料分类方法 表2-1-1

分 类 方 法	类 型
按功能	底漆,中涂,面漆,罩光清漆
按干燥(固化)成膜机理	溶剂挥发干燥型、氧化聚合干燥型、热固化型、双组分室温交联型
按漆基	醇酸树脂漆、硝基漆、氨基漆、丙烯酸树脂漆、聚氨酯漆
按涂料固体分的高低	超高固体分、高固体分、中固体分、低固体分和无溶剂涂料
按所用溶剂	有机溶剂型涂料、高固体含量涂料、粉末涂料、水性涂料

我国对涂料产品的分类是按照主要成膜物质进行的。若主要成膜物质为混合物,则按照在涂料中起主要作用的树脂为基础。涂料中的树脂是最能反映涂料产品的性质、用途、作用及所能形成的涂膜外观等,因此是一种合理的、科学的分类方法。

另外,涂料还有以下几种分类方法:

(1)按涂料的应用场合分类可分为生产线专用涂料(OEM)和修补用涂料。

生产线专用涂料(OEM)如阴极电泳涂料(阴极电泳涂装)作为底漆涂层、粉末中涂涂料(静电喷涂),面漆大多采用烤漆。汽车修补涂料的特点是自干型或低温烘烤型。如喷漆类、自干型油性和合成树脂漆及双组分涂料等。

(2)按涂料的成膜方式可分为溶剂挥发型、氧化固化型、烘烤型、催化固化型及双组分型。

(3)按涂料的功能可分为防锈涂料、防腐涂料、绝缘涂料、耐热涂料、荧光涂料、防火涂料、隔音减振涂料等。

(4)按涂料中所含颜料的多少可分为清油、清漆、色漆、厚漆、油灰、腻子等。

(5)按成膜后涂层的表面形状可分为普通漆、罩光清漆、美术漆(锤纹漆、裂纹漆、皱纹漆等)。

(6)按涂料的施工方法可分为刷漆、喷漆、阳极电泳涂料、阴极电泳涂料等

2)水性涂料

传统的汽车涂料是溶剂型涂料,其中的VOC(挥发性有机化合物:在通常压力条件下,挥发并参与大气光化学反应的有机化合物)挥发到大气中会危害人类健康、污染环境。随着人类环保意识的增强,各国相继制订了保护环境的法规,限制VOC排入大气。

水性涂料就是指可用水配制的涂料或其挥发的溶剂部分主要是水(或大部分是水)的涂料。在工业涂装领域中,采用的水性涂料有水性防锈涂料、电泳涂料、水性中涂等。水性涂料是环保型绿色涂料,采用水性涂料代替现用的溶剂型涂料是工业涂装降低VOC的主要措施。

自20世纪90年代起,欧美汽车涂装已进入水性化、高固体分化和粉末化。这些汽车工业较为发达的国家基本上都已实现了水性涂料替代传统溶剂型涂料的更新换代。进入21

世纪以来,汽车用涂料和涂装领域的要求是:省资源、节能、保护环境和在高质量的基础上降低涂装成本,从防止大气污染,要求削减 VOC 的排出量,提高水的循环利用率。随着国内外汽车市场竞争越来越激烈,汽车涂料利润空间大幅度变小,必须在保证高质量的基础上优化工艺、降低成本。

据国家统计局资料"2015 年涂料总产量 1718 万 t,同比增 4.2%,产值 4185 亿元,同比增 7.3%。"目前,水性涂料在日本、欧美国家的市场占有率已在 60% 以上,而我国这一比例则明显偏低。

水性涂料是以水为溶剂或分散介质的涂料,由于水的特性与有机溶剂有很大不同,所以水性涂料相对于溶剂型涂料也有很大差异。在使用水性涂料时,熟知这些差异非常重要。

(1)表面张力大。水的表面张力比有机溶剂的表面张力大得多,水的表面张力为 72mN/m,有机溶剂类约为 25mN/m。由于表面张力的差异原因,在平整的钢板上滴落一滴水成圆形,假如是溶剂,则扩散开。

(2)难润湿、不易溶。与有机溶剂相比,水对颜料难润湿,与树脂不易混溶。

(3)汽化温度高。水的汽化温度高,会导致涂料喷涂时不易挥发、涂料雾化时不易蒸发、蒸发易受环境(湿度)影响。溶剂的挥发受温度影响大,溶剂的沸点可控制其挥发速度;水的蒸发受湿度影响大,很难控制。

(4)易流挂。水性涂料与溶剂型涂料相比更易发生流挂弊病。为控制流挂,需要注意以下两点:第一,控制涂装室的温、湿度;第二,控制好涂料的黏度,赋予涂料触变性,保证喷涂时残留水分较多时也不会产生流挂。

(5)触变性。触变性是指在施加外力作用时黏度发生变化的现象。水性涂料的黏度随着搅拌力的增强而降低。

(6)气泡。如果水性涂料采用与溶剂型涂料相同的烘烤工序,则会导致漆膜中水分的残留(产生气泡),因此,在水性涂料中导入了预热工艺(P/H 工艺)。导入 P/H 工艺能使漆膜里的水分得到充分的蒸发,从而防止烘烤时出现气泡、控制因体积收缩造成的流挂以及以热风使漆膜表面流平。

3.涂料的命名

涂料的名称由颜色或颜料的名称、成膜物质的名称和基本名称三部分组成,用简单的公式表达为:

涂料全名称 = 颜色或颜料的名称 + 成膜物质的名称 + 基本名称

涂料的颜色位于名称的最前面,如红醇酸磁漆。若颜料名称对漆膜性能起显著作用,则可用颜料的名称代替颜色的名称,仍置于涂料名称的最前边,如锌黄酚醛防锈漆等。

如果基料中含有多种成膜物质时,选取起主要作用的一种成膜物质命名,如松香改性酚醛树脂,占树脂总量 50% 以上,则划入酚醛类,小于 50%,则划入天然树脂类。必要时,可以选取两种成膜物质命名,主要成膜物质在前,次要成膜物质在后,例如环氧硝基磁漆。

凡是烘烤干燥的漆,名称中都有"烘干"或"烘"字样。如果没有,即表明该漆是常温干燥或烘烤干燥均可。

基本名称仍采用我国已经广泛使用的名称,如清漆、磁漆等。涂料基本名称见表 2-1-2。

涂料基本名称及代号 表 2-1-2

代号	基本名称	代号	基本名称	代号	基本名称	代号	基本名称
00	清油	17	皱纹漆	38	半导体漆	62	示温漆
01	清漆	18	裂纹漆	40	防污漆、防蛆漆	63	涂布漆
02	厚漆	19	晶纹漆	41	水线漆	64	可剥漆
03	调和漆	20	铅笔漆	42	甲板漆、甲板防滑漆	66	感光涂料
04	磁漆	22	木器漆			67	隔热涂料
05	粉末涂料	23	罐头漆	43	船壳漆	80	地板漆
06	底漆	30	(浸渍)绝缘漆	44	船底漆	81	渔网漆
08	腻子	31	(覆盖)绝缘漆	50	耐酸漆	82	锅炉漆
09	大漆	32	(绝缘)磁漆	51	耐碱漆	83	烟囱漆
11	电泳漆	33	(黏合)绝缘漆	52	耐腐	84	黑板漆
12	乳胶漆	34	漆包线漆	53	防锈漆	85	调色漆
13	其他水溶性漆	35	硅钢片漆	54	耐油漆	86	标志漆/马路漆画线漆
14	透明漆	36	电容器漆	55	耐水漆		
15	斑纹漆	37	电阻器电位器漆	60	耐火漆	98	胶漆
16	锤纹漆			61	耐热漆	99	其他

基本名称代号用 00~99 两位数表示,在成膜物质和基本名称之间,必要时可在成膜物质后边。划分代号的原则是:

00~13 表示涂料的基本名称;

14~19 表示美术漆;

20~29 表示轻工用漆;

30~39 表示绝缘漆;

40~49 表示船舶漆;

50~59 表示防腐蚀漆;

60~79 表示特种漆;

80~89 表示其他用途漆。

二、单 元 练 习

1. 涂料的概念是什么?

2. 涂料的组成是什么?

3. 涂料的分类有哪些?

4. 什么是水性涂料?水性涂料有哪些性能特点?

5. 涂料是如何命名的?

单元2　汽车常用涂料——面漆

学习目标

1. 掌握面漆的分类；
2. 能叙述素色漆的性能；
3. 能叙述银粉漆的性能；
4. 能叙述珍珠漆的性能。

一、相关知识

1.汽车常用面漆的分类

汽车的面漆根据溶剂特性,一般分为:有机溶剂型面漆和水性面漆。根据是否在涂料中添加金属,又可分为:素色漆和金属漆,金属漆又包括银粉漆和珍珠漆。

金属漆里掺配了金属粉末,在不同角度下由于光线的折射,会使得车色、甚至轮廓有所变化。金属漆除了硬度高外,还能表现出车体的层次美。金属漆越来越普遍应用的另外一个理由是油漆中掺配了金属粉末,有了金属成分,油漆的硬度会增高,漆面变硬,就不容易被刮伤。素色漆不是金属漆,更加不同于防腐漆。素色漆典型的几种颜色是白色、黑色、大红色和黄色,这些颜色的漆料不是不能添加金属粉末,而是加了金属粉末之后,它所显现出来的颜色就不是原本的正色了。白色会变成珍珠白、黑色会变成带亮光的“炭黑”、红色会变成所谓的“酒红”,而黄色则会变成闪闪耀眼的“金黄”。未曾添加金属粉末的素色漆,漆面硬度会比较软,不但高速行车会受到路面弹起的飞石击中,漆面也会比较容易剥落。另外,素色漆的车子在清洁时绝对不能直接用干布或湿布擦拭,一定要用大量的清水先冲掉附着在车漆表面的灰尘,这样才不会在抹布一接触车体时、就让坚硬的灰沙有机会刮伤车漆。

有机溶剂面漆、水性面漆、素色漆、银粉漆、珍珠漆,它们之间的具体关系以及与底材之间的关系如图2-2-1所示。

2.汽车常用面漆的性能及用途

1)素色漆

素色面漆,即本色面漆,实色面漆。它通常指素色(又称实色)如黑、白、红、黄、奶白、浅黄等不掺和闪光材料(如铝粉、云母等)的各色涂料。素色按其色彩又可细分为有彩色和无彩色两种。有彩色指红、黄、蓝、绿等等有颜色的色彩。无彩色指黑、白、灰等不带颜色的色彩。

车身常用的素色面漆种类很多,常用普通型自干素色面漆,如醇酸树脂漆,既可用于车身内部涂装,又可用于车身外部涂装;常用的快干型素色面漆有硝基、过氯乙烯苯,丙烯酸类面漆。

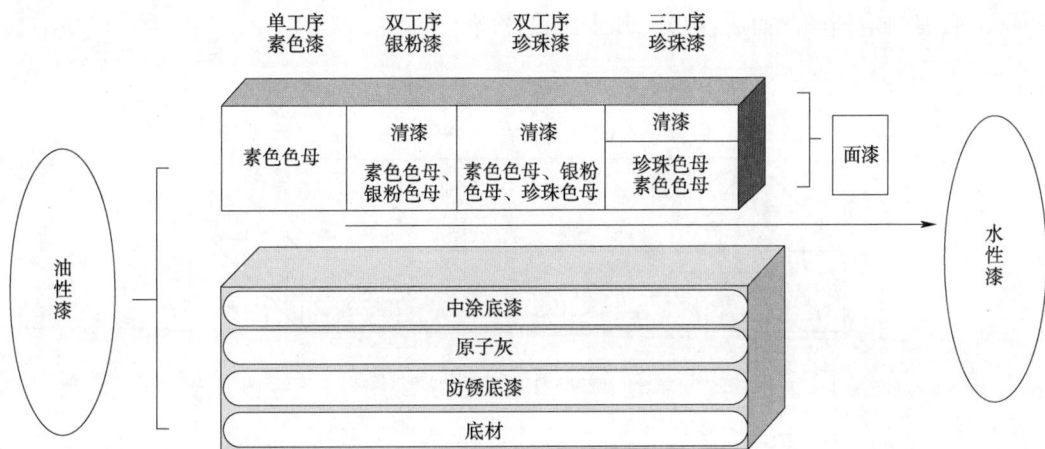

图 2-2-1　面漆的种类

自干型面漆是指涂膜在常温条件下能干燥的各种面漆,如普通型自干面漆、快干型面漆、高装饰型自干面漆等。烤漆也叫烘漆,是按涂料的成膜方式分类而得的。此类涂料属热固型,其涂膜不能自然干燥,必须经过烘烤才能固化成形。经烘烤干燥的涂膜在硬度、附着力、耐久性、耐油性、耐水性及耐化学品等方面比自然干燥的涂膜要好得多。如油性烘漆、醇酸烘漆、氨基烘漆、环氧烘漆等。

烤漆的烘干温度和烘干时间对涂膜质量影响很大,即要确定出正确的烘烤工艺参数。如果烘烤温度过低、烘烤时间过短,则涂膜软、性能差。如果烘烤温度过高、时间过长,则涂膜发脆,甚至烤焦变色。如果没有达到烘烤温度,即使延长烘烤时间也不能使涂膜固化。在烤漆喷涂完成后,必须放置一段时间,使涂膜中的溶剂有充分的挥发时间(晾干),然后按规定的烘干温度和时间进行烘干干燥。这样不仅可减少烘烤期间积存过多的溶剂,也可使涂膜表面比较光滑。

2)银粉漆

银粉漆,即金属闪光漆也称多色油漆、双色效应涂料。金属闪光漆膜在阳光照射下具有闪烁的金属光泽,而且可随着观察角度的不同产生光的畸变,给人一种晶莹透彻、奇妙莫测的感觉。由于其特殊的视角效应,已被广泛应用于汽车面漆。

金属闪光漆是由主要成膜物质、颜料、金属颗粒、溶剂、分散剂等组成的。其中金属颗粒主要有片状金属颜料(以铝粉为主)和珠光颜料(云母颜料)。

表面光滑如镜的片状金属颜料,对入射的光线有定向反射作用(片状金属在涂膜中平行排列),反射的光线经涂膜中的颜料选择吸收后呈现出漆面的颜色。由于是定向反射,所以从不同的角度观察,将达到不同的明亮度。若铝粉在涂膜中呈不规则排列,将会使涂膜的正、侧面的明度差小;若铝粉在涂膜的底部,会使表面呈现较暗的颜色。金属颜料在涂膜中的布列方式及对光线的发射效应如图 2-2-2 所示。

金属闪光面漆除具有随角效应外,还具有耐磨、耐候、耐高温及抗腐蚀性等特性。汽车常用的金属闪光面漆主要是氨基和丙烯酸树脂漆。丙烯酸树脂金属闪光涂料的特点是外观优良,涂膜的附着力强,不起泡,没有针孔,金属装饰性、丰满度和清晰度极好,常作为汽车面漆使用。各色氨基烘干金属闪光漆是由两大部分组成。其组分一是由氨基树脂、醇酸树脂、透明颜料、有机溶剂调配而成;组分二是闪光铝粉浆。

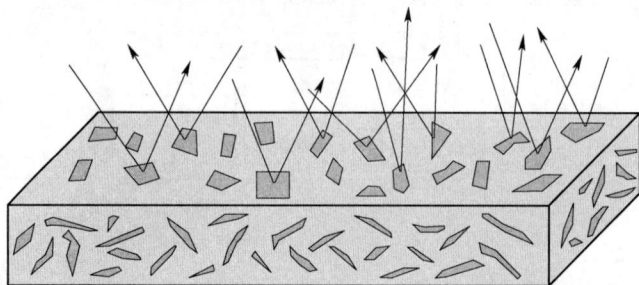

图 2-2-2　金属颜料在涂膜中的布列情况

3)珍珠漆

珍珠漆又叫珠光颜料是以云母做底材,包覆有二氧化钛或氧化铁薄膜的一种效应颜料。当其以平行于表面的方向定向排列时,由于其折射率较高的透明层次结构,使入射光多次透射和反射而产生类似于自然界存在的珍珠、贝壳、飞鸟等神秘光泽的效果,由此而得名。图2-2-3为珠光颜料的色彩原理。

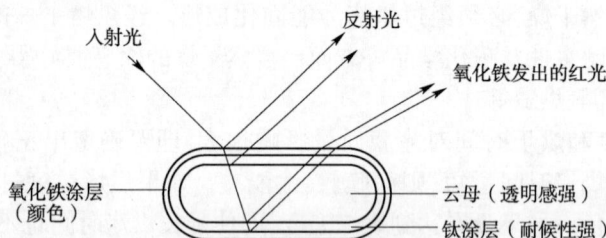

图 2-2-3　珠光颜料的色彩原理

3. 其他美术涂料及性能简介

美术涂料除具有一般涂料的保护作用外,其涂膜还能形成各种各样美丽的图案或花纹,赋予物体表面以优美的装饰性。常用的品种有皱纹漆、裂纹漆、锤纹漆等。

1)皱纹漆

皱纹漆是由皱纹漆料、颜料、填料经研磨后,加入聚合度不同的桐油和催干剂,用有机溶剂调和而成。其形成的涂膜表面,皱纹连续而均匀,无普通涂料的涂膜表面皱纹缺陷,不仅美观,而且有隐藏物体表面粗糙和缺陷的作用。但皱纹漆膜表面容易积聚灰尘、污垢等且不易清除。

皱纹漆膜的形成机理是利用涂料中聚合度不同的桐油和催干剂特性,使涂膜在干燥过程中因干燥速度不一,表面干燥快而起皱。漆膜起皱的程度大小与颜料的种类和数量有关,一般,颜料多的花纹粗,颜料少的花纹细。另外还与喷涂的黏度和涂膜的厚度有关。

常用的皱纹漆有酚醛皱纹漆、醇酸皱纹漆等。如 C17-51 各色醇酸皱纹漆,它是由干性油改性醇酸树脂与桐油、颜料、体质颜料等研磨后,加入较多的催干剂、二甲苯调制而成。分中、细两种花纹。涂膜坚韧,对金属有良好的附着力,显现出均匀美观的皱纹。适用于科学仪器、仪表、电器及各种小型机械等。

2）锤纹漆

锤纹漆是由锤纹漆料与非浮型铝粉浆及挥发速度适宜的稀释剂调制而成的。其所形成的涂膜能呈现出如锤子锤过的花纹一样，雅致美观，光亮坚硬。若采用不同的施工方法，可得到不同的表面花纹。

锤纹漆的形成机理是由喷枪喷出的漆雾溅落在物体表面上，形成许多凹状圆斑，圆斑相互连接并有连接界限。在涂膜流平干燥过程中，借助溶剂挥发而产生的旋涡力使漆料上浮，铝粉旋转下沉，从而形成一个个浅碟子似的、闪烁着金属光泽的锤纹。

常用的锤纹漆有氨基、硝基、过氯乙烯、氯化橡胶锤纹漆等。如 833 自干锤纹漆，A16-51、A16-52 各色氨基烘干锤纹漆，Q16-31 各色硝基锤纹漆，J16-31 氯化橡胶锤纹漆（适用于不宜烘干的物体表面）。

3）裂纹漆

裂纹漆是硝基漆的一个品种。其是由含量少的硝基树脂、大量的颜料、少量增塑剂及挥发速度极快的溶剂调制而成的。

裂纹的形成机理是由于含的硝化棉极少，颜料多，溶剂的挥发速度极快，使得涂膜形成后的收缩性大，且其中的增塑剂极少，又使得涂膜的韧性差，导致涂膜裂开，形成不均匀而美丽的裂纹，呈现出涂膜低层颜色。如 18-31 各色硝基裂纹漆是由硝化棉、颜料、较多的体质颜料和稀释剂组成，具有均匀美观的外形，但附着力差。

裂纹漆膜的附着力极差（树脂太少），硬度高但易脱落。因此在裂纹涂膜的表面必须涂上一层罩光清漆加以保护，并可提高涂膜表面的亮度及光洁度。

二、单 元 练 习

1. 常用的面漆分类有哪些？
2. 画图标明油性漆、水性漆以及素色漆、银粉漆、珍珠漆和底材之间的关系？
3. 素色漆的性能特点有哪些？
4. 银粉漆的性能特点有哪些？
5. 珍珠漆的性能特点有哪些？

单元3　汽车涂料品牌

学习目标

1. 能正确描述国外汽车涂料主流品牌历史;
2. 能正确描述国内汽车涂料主流品牌历史;
3. 能熟练地描述各品牌水性漆产品的特点;
4. 能正确认识涂料的配套和系统性。

一、相关知识

进口汽车涂料具有优良的性能和丰富的色彩,国内的汽车4S店和综合修理厂普遍采用,目前市场占有率超过九成,因而我们调色所使用的系统和方法也主要是针对进口品牌汽车涂料。而国产品牌涂料一般比较便宜,在低端车上使用比较普遍。

1. 汽车涂料进口品牌

国内目前汽车4S店和综合维修站基本都是主机厂家指定使用汽车修补漆品牌,它们分别是鹦鹉、PPG、杜邦、新劲、圣威廉(宣伟)等国际一线品牌。这些品牌涂料具有丰富的颜色选择,成熟的颜色调色系统,占据中国市场九成以上市场份额。

1) 德国巴斯夫鹦鹉

德国巴斯夫集团(BASF),总部设在路德维希港,在39个国家设有350多个分厂和公司。其中,在德国国内的生产厂家共有60多个,分别位于路德维希港、明斯特、汉堡、斯图加特、曼海姆、维尔茨堡、科隆等城市。位于路德维希港的巴斯夫集团总部和巴斯夫股份公司像一座"小城市",占地面积达7km²。这座"小城市"共有1750座建筑,100km的街道,200km的铁轨,2500km的管道,建有5座发电站,此外,巴斯夫还有自己的医院、旅行社、车站。在路德维希港工作的职工共有5.5万人。巴斯夫股份公司(BASF AG)为巴斯夫集团中最大的企业,巴斯夫的不少产品是从原油和天然气中提炼出来的。巴斯夫拥有自己的煤、石油和天然气资源,其附属公司Wintershall AG在世界各地勘探、开采、并提炼原油和天然气,该公司还为巴斯夫集团属下的公司提供天然气、苯、环乙炔、石脑油等原料。巴斯夫在国外的企业大部分在欧洲,几乎遍布欧洲所有国家。此外,在美国、日本、阿根廷、印度、新加坡、埃及、中国等也都设有分公司或分厂。

巴斯夫是全球最大的化工公司,被美国商业杂志《财富》评为"全球最受赞赏化工公司";同时在德国所有公司的跨行业评比中,巴斯夫名列第二。

巴斯夫旗下的汽车修补漆部门,负责开发和营销全系列的修补漆产品系统,主要有环保水性修补漆产品和高固体分低溶剂含量修补漆产品。

由于操作简便，颜色准确度高，所以众多行业领先的汽车生产商授权巴斯夫的汽车修补漆在其售后维修站使用。

在亚太区，巴斯夫和当地汽车生产商的合作伙伴关系也日趋紧密。

巴斯夫鹦鹉水性汽车色漆其发展历程：

1986 年巴斯夫涂料部德国维尔茨堡生产基地开始生产水性色漆。

1987 年巴斯夫水性色漆所涂装的第一批车辆在德国波鸿的欧宝（Opel）和瑞典歌德堡的沃尔沃（Volvo）生产基地下线。

1989 年通用汽车首次将水性色漆应用于其在北美的汽车生产基地。

1997 年在德国拉施塔特的戴姆勒（Daimler）引入"集成工艺"。

2000 年在日本的本田（Honda）和日产（Nissan）引入水性色漆。

2005 年在中国上海，与通用汽车合作引入水性色漆。

2006 年巴斯夫德国施瓦茨海德（Schwarzheide）生产基地生产了第 10 万 t 水性色漆。

图 2-3-1　鹦鹉 90 系列水性漆

2008 年德国维尔茨堡生产基地产能进一步扩张。

2011 年推出 Xfine 金色纪念色，以展示四分之一个世纪以来水性涂料的技术成果。

鹦鹉水性漆色母为油性，所以无须恒温保存，水性油性转换无障碍。

鹦鹉 90 系列水性漆是日本国内通过环保标志认证的第一个汽车修补漆产品，如图 2-3-1 所示。

鹦鹉 L90 水性漆符合中国国家标准《汽车涂料中有害物质限量》（GB 24409—2009）的要求。在中国市场占有率排名第一。

2）美国 PPG

PPG 工业公司始建于 1883 年，总部设在美国匹兹堡市，美国财富 500 强企业，在全球近 70 个国家设有生产基地及附属机构，连续多年被《财富》杂志评为全球最受称羡的化学品公司。PPG 工业集团的目标是继续保持其世界领先的涂料和特殊材料供应商的地位。凭借其在创新、可持续发展与色彩方面的领导地位，PPG 以多种形式帮助来自工业、交通运输、消费品、建筑等领域及其售后市场的客户提升产品的外观。

汽车漆是最值得 PPG 骄傲的主要业务之一。无论是原厂漆还是修补漆，PPG 已经成为世界首屈一指的供应商，它的产品得到了劳斯莱斯、奔驰、法拉利、通用、宝马等众多顶级汽车制造商的认可并成为其指定使用产品。

庞贝捷漆油贸易（上海）有限公司（以下简称庞贝捷）成立于 1999 年，是 PPG 工业集团在中国负责汽车修补漆业务及轻工业业务的全资分支机构，总部设于上海，并在北京、广州、成都及香港设有办事处及培训中心，在苏州设有研发中心。历经多年的市场考验，公司在全中国拥有广泛的忠实用户、完善的服务网络和品牌知名度，得到了所服务行业的一致认可。

目前，庞贝捷经营 PPG 和 Nexa Autocolor 两大修补漆品牌，旗下有达壮、2K、皓彩、

EmaXX 和威宝等多种产品系列。庞贝捷率先将全球领先的水性修补漆 Aquabase Plus 和 Envirobase High Performance 两大产品系列先后引入中国市场,获得了用户的认可。

PPG 水性漆发展历程:

1986 年:PPG 在原厂使用水性漆技术。

1989 年:Nexa(ICI)Autocolor 全球率先上市水性漆产品。

1990 年:Aquabase 获英女王技术奖。

1992 年:Nexa(ICI)Autocolor 研发并上市了水性汽车修补漆系统 Aquabase,专利微胶抗沉淀科技,带来持久一致的颜色。

1994 年:Aquabase 技术获英国国家汽车贸易奖的最新产品奖 PPG 在中国天津经济开发区投资建立涂料公司,生产汽车高温漆。

1995 年:Aquabase 技术获英女王环保奖。

1998 年:Aquabase 推出符合 VOC 法规要求的三工序珍珠色漆修补工艺及产品。

1999 年:PPG 在欧洲上市 MaxMayer AquaMax 和 Envirobase 系统 PPG 收购 ICI Autocolor 专业涂料公司,ICI Autocolor 正式更名为 Nexa Autocolor。

2001 年:Envirobase 修补底漆系统成功引入北美市场。

2002 年:PPGEnvirobase 技术获英国交通管理学院杰出创新奖。

2003 年:Aquabase 水性汽车修补漆引入中国市场,是中国水性汽车修补漆品牌领导者。

2005 年:PPG 荣幸地成为北京吉普/梅赛德斯奔驰的新工厂的供应商。推出全新升级的 Aquabase PLUS,继续引导水性汽车修补漆潮流。

2006 年:Aquabase PLUS 被日本本田 ACURA 品牌指定为中国地区售后水性漆品牌。

2008 年:配合梅赛德斯-奔驰开始中国地区特约维修站的水性漆转换。

2009 年:国内高教系统水性汽车漆喷涂培训中心落户上海交通职业技术学院。

2010 年:PPG 获福建戴姆勒认可,指定为其集中供应项目水性修补漆供应商。

2010 年:PPG 与 17 所高校签约"绿色环保水性漆联合喷涂校企合作"。

2011 年:PPG 与教育部正式签约,启动喷涂专业校企合作项目。

2012 年:PPG 成为英菲尼迪纯牌水性涂料供应商。

2013 年,PPG 发布多媒体标准化汽车修补漆水性底色漆喷涂网上教程。

2013 年,PPG 协办 2013 年全国交通运输行业职业技能竞赛,是使用水性漆喷涂的国家级赛事。

自 1992 年起,PPG 的水性底色漆系统,无论是修补漆还是原厂漆就已在全球范围内开始了它的成功之旅。由于是纯水性,所以要使用塑料罐包装,并放置在恒温柜保存,如图2-3-2所示。其独家具有高科技的微胶抗沉淀技术。

产生颜色效果的颜料悬浮于特殊配方的水性丙烯酸乳胶树脂中,该树脂的独特配方设计使产品特别好用:坚固的乳胶提供坚牢的颜色。乳胶颗粒紧密地粘贴在一起,保证稳定性。颜料和树脂保持悬浮状态,防止沉淀。

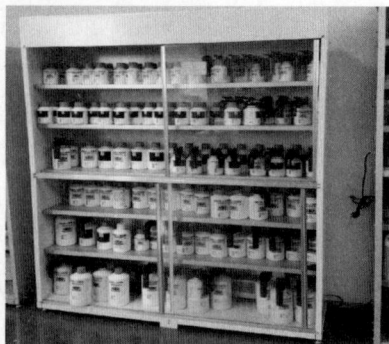

图 2-3-2 恒温柜中保存的 PPG 水性漆

这就意味着使用 PPG 的水性底色漆系统,轻松上下翻转摇晃包装罐 3~4 次,色母就已混合均匀,调色技师即可开始下一步的调色步骤。您只需摇一摇、倒一倒、喷一喷就能轻松获得和 PPG 溶剂型系统同样高效、精准和牢固的修补喷涂体验。

3)荷兰阿克苏诺贝尔新劲

阿克苏诺贝尔是全球领先的油漆和涂料企业,也是专业化学品的主要生产商。为全球工业与广大消费者提供创新产品,全力投入为客户打造各种可持续发展的解决方案。旗下品牌阵容鼎盛,拥有多乐士(Dulux)、新劲(Sikkens)、国际(International)和依卡(Eka)等著名品牌。阿克苏诺贝尔总部设在荷兰的阿姆斯特丹,一贯在可持续发展领域保持领先。广布全球 80 多个国家的 55000 名员工不断追求卓越,力争"今日提交明日答案"(Tomorrow's Answers Today™)。

新劲,作为阿克苏诺贝尔汽车涂料的旗舰品牌,已有 200 多年历史。自诞生之日起直至今日,新劲因其特有的品质而备受专业人士的推崇。通过新劲品牌,阿克苏诺贝尔集团立志成为汽车修补漆客户积极、可信和有价值的合作伙伴。

200 多年来,新劲因其技术创新,精确的颜色和卓越的服务而拥有的声誉已根深叶茂,无法动摇。新劲汽车喷涂系统在该行业中拥有全球领先地位。为客户提供的高性能的油漆产品,有效控制成本方案及高品位的全套服务,吸引并赢得全球更多客户。

新劲涂料产品与服务是为修理厂提供增值服务的佼佼者,归因于其在帮助修理厂赢利方面的卓越贡献。长期以来,新劲全套服务包括安装和升级用于汽车修理行业的 IT 管理系统。新劲品牌的主要目标是:"新劲,伴您共创无限价值"

Sikkens Autowave 水性汽车涂料并不是作为单个产品出现,而是以一套技术解决方案出现在客户面前。Sikkens Autowave 将成为汽车车身修补漆的全球主力产品,如图 2-3-3 所示。从目前欧洲市场的反应来看,该产品完全能够满足汽车制造商的对于健康、环保和车身质量的严格要求。与此同时,阿克苏诺贝尔也将派出技术专家和培训指导专员帮助企业迅速熟悉 Sikkens Autowave,并熟练使用。

a)   b)

图 2-3-3 新劲水性漆

4)美国宣伟

宣伟的英文全名 Sherwin-Williams(宣伟—威廉姆斯),1866 年亨利·宣伟先生和爱德华·威廉姆斯先生携手在美国创建了宣伟公司,成为世界上成立最早的专业涂料公司之一。

经过 140 多年的努力进取,如今总部位于美国俄亥俄州克利夫兰市的宣伟,已发展成全球最大的专业涂料公司,旗下品牌包括 Sherwin-Williams、Dutch Boy、Krylon、Minwax 等,业务遍及世界 30 多个国家和地区,拥有 3 万多名员工和 3400 多家遍及北美的自营专卖店,在涂料领域处于国际领先地位。

宣伟公司是美国财富 500 强企业之一,目前拥有 11 家子公司,3 家合资公司和 49 家授权厂商,2013 年销售额超过 100 亿美元。公司每年投入数千万美元用于研发,其聚合物实验室不断改进涂料最基本成分的设计,以提高产品的绿色环保、耐久性、附着力和整体性能,保证其产品的优异品质。

AWXP 水性汽车修补漆(图 2-3-4),采用宣伟独有的专利树脂技术,克服了传统水性漆的众多缺点。为水性漆的使用和推广提供了优越的基础。AWXP 水性汽车修补漆是在降低有机挥发含量的前提下,兑现了高生产性和高利润性的承诺,他们的目标是:在保护环境的同时带来全球顶尖的科技成果和创新技术。

图 2-3-4　宣伟水性漆

5)艾仕得(杜邦)

艾仕得是一家具有 150 年历史的高科技企业,坚持创新为公司持续注入发展能量。近百年,艾仕得将第一种彩色涂料应用于汽车,并以喷枪替代手工涂刷,使涂装技术产生创新性变革;研发了首个色母系统调漆机;研发的聚氨酯面漆,为全世界运输车辆制造商提供了更卓越的涂料;最先推出汽车用水性涂料,永不停息追求创新与发展,使艾仕得成长为世界最大的汽车涂料公司和涂料工业的全球领先企业。

1980 年,艾仕得在北美最先向汽车原始设备制造厂商推出水性涂料后,加快了水性技术创新、应用和全球发展的步伐。目前,施必快、科丽晶两大品牌的涂料(图 2-3-5)已被应用于梅赛德斯、奥迪、宝马、丰田、本田等国际著名品牌的汽车。在目前,全球有超过 12 万客户在使用艾仕得涂料。

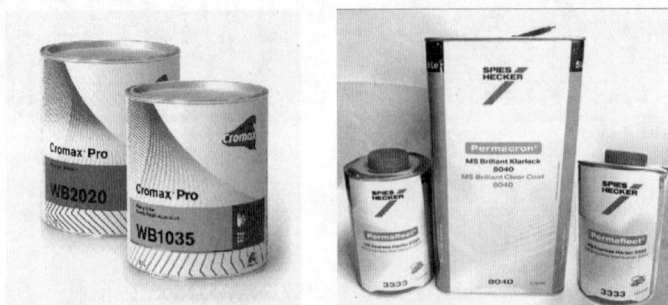

图 2-3-5　科利晶与施必快漆

艾仕得水性漆采用全球新一代技术,其特有的"三涂一烘"水性涂装系统工艺,无需在涂层作业之间烘干就能继续下一道涂层施工,可大大提高喷涂效率,有效减少涂料用量,大量节省能源消耗,还可打造出优异的汽车涂膜性能。同时,水性涂料可达到全球最高的环境保护要求,降低了二氧化碳与 VOC 排放。

2. 汽车涂料国产品牌

2015 年,对于我国涂料行业来说,可谓是意义重大,因为这是中国现代涂料工业走过百年历史的重大时刻。1915 年,阮霭南、周元泰用一台挤出机和几口熬油锅创建上海开林造漆,中国涂料产业自此在上海发端。历经百年时光,我国发展到现在已经成为世界最大的涂料生产国。涂料行业百年的辉煌,凝聚了中国涂料数代人的辛勤和汗水,拼搏与执着,也是数代涂料人集体智慧的结晶与传承。

目前,国内汽车修补漆的品牌以高飞漆为代表,由于合资汽车公司外方厂家认证资格门槛较高,国际 500 强公司占有了汽车修补漆行业 90% 的市场份额。高飞漆,作为国内唯一的由中国人创立汽车修补漆国际品牌,进入了近千家主流 4S 店,客户包括保时捷、奥迪、丰田、日产、大众、标致、别克等,并且成功进入国际市场。

高飞水性漆(图 2-3-6)其发展历程如下:

2006 年 7 月,东来涂料启动水性汽车修补漆研发项目,荷兰阿姆斯特丹研发中心承担主要研发工作。

图 2-3-6　高飞水性漆

2008 年 6 月,基于水性 PU 的传统经典 E 系统和基于水性 PUD 的全球创新 W 系统研发进展顺利,取得阶段性成果。

2008 年 8 月,中国上海研发应用中心启动适应性研发阶段。

2010 年 3 月,成功避开"先发包袱"困境和"路径依赖"魔咒,整合全球最新材料科技成果,全面创新研发思维。

Onwaves 高飞水性修补漆 W 系统正式发布,开始规模生产并正式上市。

目前,国产油漆和进口油漆性能差距很大,大多数厂家的汽车漆调色系统都不够完善,不仅无法提供全球各种汽车颜色的配方和色卡,甚至有的汽车漆颜色都无法调配出来,使用这些不完善的调漆系统必须完全依赖调漆师傅的经验,所以我们经常见到很多汽车漆调漆店里会同时存在很多品牌的色母油漆,调漆师傅根据自己多年的经验选择这个品牌的红色那个品牌的蓝色和另一个品牌的黄色或银粉珍珠,这样在调漆的过程就会造成很多质量隐患和调配过程油漆的浪费,同时也造成学调漆很难的一种现象。

值得注意的是,虽然国际品牌油漆兼容性比较好,但还是建议调色技师在调色过程中坚持使用同一品牌,同一颜色系统调色。通过对不同品牌油漆的了解,对油漆特性、差别和不同的调色系统学习,从而能快速,准确地调配出我们所需要的颜色。

国内外涂料行业品牌排名如表 2-3-1 所示。

2015 年全球顶级涂料品牌排行　　　　　　　表 2-3-1

排名	公司	2014 销售额(亿美元)	总部
1	阿克苏诺贝尔	177.46	荷兰
2	PPG	154.4	美国
3	宣伟	115.4	美国
4	艾仕得	58.92	美国
5	巴斯夫	49.82	德国
6	RPM 国际	43.784	美国
7	钻石涂料	43.61	美国
8	威士伯	43.57	美国
9	三彩国际	37.74	英国
10	立邦涂料	32.34	日本

二、单 元 练 习

1. 简述常见国外汽车涂料品牌名称。
2. 简述德国巴斯夫鹦鹉水性漆的特点。
3. 简述 PPG 水性漆的特点以及其独家技术。
4. 简述国产汽车涂料特点。

第三篇　涂料调色任务实施

　　随着时代的发展,人们的精神生活和物质生活不断提高,汽车不再仅仅是代步的工具。如今,人们越来越看重汽车色彩所体现的产品个性。在汽车修补涂装过程中,调色技术人员将面对越来越多、千变万化的颜色,调色的难度不断加大。调色技术人员不仅要有扎实的颜色基础理论,而且要有丰富的调色实践经验。

　　本篇主要讨论汽车修补涂装中的调色过程。通过对四种有代表性的汽车漆——素色漆、银粉漆、珍珠漆和水性漆的施工流程介绍,以及对四个调色任务的具体实施,让学生掌握调色的一般流程,学会安全防护用品的穿戴和常用调色工具的使用,弄清颜色走向的变化规律,使汽车漆调色技术系统化、规范化,最终达到无痕迹修补。

学习任务1　素色漆的调色

学习目标

1. 叙述素色漆的调配流程；
2. 在不同车型上找到色号所处的位置；
3. 安装调色软件并查寻配方；
4. 按配方正确称量色母；
5. 从颜色的三属性分析所配色与目标色的差别，并实施微调；
6. 正确穿戴防护用具，并养成配色完毕进行5S的习惯。

任务描述

某顾客驾驶的丰田花冠车在交通事故中前翼子板碰撞损坏，经保险公司理赔员定损后，开到涂装车间进行修补涂装。请你调配与原翼子板相同颜色的素色面漆（调配与全车或车身其他部位颜色相同的调配方法与这次任务中的调配方法相同）。

学习引导

本学习任务沿着以下脉络进行学习：

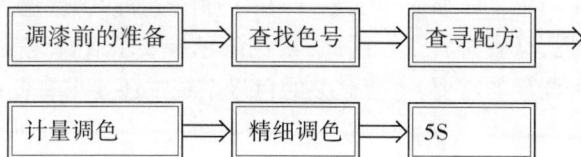

调漆前的准备　⟹　查找色号　⟹　查寻配方　⟹

计量调色　⟹　精细调色　⟹　5S

一、相 关 知 识

1. 配色概念

汽车修补涂装主要分为四个大的步骤：底材处理、施涂原子灰、施涂中涂底漆和施涂面漆。施涂面漆前需要使所喷面漆与待修补车的颜色一致，这就需要配色，也叫调色。所以配色是将两种或两种以上的涂料混合在一起以产生目标颜色的工序。汽车的颜色五彩缤纷，丰富多彩。每年汽车制造商推出的新车会有许多新的颜色，再加上以前的车辆上所用的颜色,那么颜色的种类已达数万种。油漆供应商不可能制造这么多不同颜色的涂料并储存起来,以供修补涂装使用。因此,涂料制造商就提供几十种只含一种基本颜色的涂料(这种涂料也叫色母),汽车表面千变万化的颜色都是由这些数量有限的色母调配而成。

目前汽车修补涂料主要采取两种方法设计色母系统。

一种是把色母分为两套,一套是单工序面漆的色母,另一套是双工序和三工序面漆的色母。大多数国产漆采用这个系统,两套色母不能混用。这样势必造成色母数量增加,使得调色人员掌握色母特性的难度加大。

另一种是只使用一套色母,调色后在色母中加入树脂,由加入的树脂类型决定面漆的性质是单组分或双组分,单组分一般采用双工序施工方式,而双组分一般采用单工序施工方式。油漆供应商 PPG 公司的 NEXA AUTOCOLOR 调色系统就采用这种设计方式。

2. 面漆的类别

根据色母中颜料组成不同,色母一般可以分为三类:素色色母、银粉色母和珍珠色母。只含有着色颜料,而不含金属颜料如铝粉和钛膜云母颜料的色母叫素色色母,含有金属颜料铝粉的色母叫银粉色母,含有钛膜云母颜料的色母叫珍珠色母。只由素色色母调配而成的漆叫素色漆,这里素色说的是单纯的一个颜色,所以素色漆也叫纯色漆、实色漆、本色漆或普通漆;只由银粉色母调配而成或素色色母与银粉色母共同调配而成的漆叫银粉漆;只由珍珠色母调配而成的叫珍珠漆;由素色色母、银粉色母和珍珠色母共同调配而成的叫珍珠银。银粉漆、珍珠漆和珍珠银统称为金属漆。

当今国内市场上主要的修补漆供应商有许多品牌,4S 店或汽车修理厂一旦选择了某一品牌的汽车修补漆,不宜频繁更换,因为改换品牌,会损失自己多年积累的调色经验和资料,浪费剩余的色母。

3. 素色漆的特点

素色漆的调配与金属漆不同,喷涂的因素对素色漆颜色变化的影响比较小。素色漆在喷涂后不会出现背光色调的效果,往往迎光观察颜色调得准确,背光也不会有什么差别。此外,施工条件、施工环境对素色漆颜色的影响也非常小。这些因素都使得素色漆较容易调配。所以调配好素色漆是调色的基本功。

素色漆一般都使用单工序喷涂的工艺,即在中涂漆上面只喷一层素色漆,而不需要再罩清漆,这样既方便快捷,又省时省工。因此,素色漆色母要求有高遮盖力、高饱和度,施工后有高的光泽。但由于调色的需要,一套完整的色母系统中还要求有低遮盖力的色母。

4. 素色漆调色基本规律

调色就是我们用色母调配出的颜色在色相、明度、彩度三方面与待修补车的颜色一致。

1)素色漆的明度调整

调配素色漆时,如果颜色太暗要调亮一点可加白色色母或减少黑色色母,而颜色太亮要调暗一点可减少白色色母或增加黑色色母。黑、白色母可以调整素色漆的明度,但它们的加入只会使油漆的彩度降低,而不会升高。

2)素色漆的色相调整

一般情况下,当主色确定后,先调深浅,再调色相。调色相时,要熟悉颜色的变化规律。添加色母时,以靠近主色的近似色为第一选择,应尽量避免使用与主色互补的色母,否则会大大降低颜色的彩度,使颜色变得浑浊。

3)素色漆的彩度调整

我们的眼睛感觉越是鲜艳的颜色,表示越纯,反之越不鲜艳就越浊。当颜色太清澈(彩度太高时)要变浊一点时,可加黑或加白或同时加黑、白均可。而颜色太浊要变清澈一点时,可减少黑或白色色母。

5. 调配素色漆时的注意事项

(1)色母的"沉降效果"。白色母、某些黄色母是最重的一类色母,原因是其颜料的比重大,常产生湿漆与喷涂色板之间的明显颜色差。如果湿漆中含有一定量的白色漆或某些黄色漆时,在用调漆尺搅拌湿漆并用目视比较标准板时,要求湿漆调配得比标准板的颜色浅、淡。这是因为在搅拌湿漆时,重的色母来不及沉降,油漆的颜色就较浅;而喷涂后的流平时间内则发生了沉降,轻的色母在表面聚集较多,颜色就要更纯,外观表现得"暗"一点。刚喷涂完的漆面和干固后的漆面的不同,这也是一个最主要的原因。烤干后的漆面都会显得偏暗一点。

(2)尽量选用纯度高的色母。汽车在素色选择上喜欢明快、鲜艳的色彩,以红色、蓝色、黄色为主。这些颜色调配要根据需要少用黑色母,偶尔会用相当数量的白色母调节亮度和鲜艳(纯)度,但要认识到这会造成一定程度的颜色浑浊。

(3)尽量不选用低浓度的色母作为主色,即使不得不选用时,也要尽量搭配使用高遮盖力的色母。这种情况以鲜艳的红色最为常见。

(4)白色面漆在使用了一段时间后会变得稍黄。

(5)调配白色面漆时尽量选用低浓度的色母,就是透明的色母。浓度高的色母其浓度一般是低浓度色母的 6～10 倍,即使 1L 白色面漆里面只用一滴,在白色中也能明显地反映出来,因为人眼对白色的分辨能力比别的颜色强。所以选用低浓度色母的好处是微调时容易控制变化范围。

(6)黑色的表面光泽对判断其色差起着决定性的作用。新喷涂的黑色面漆由于表面光泽太高而容易给人造成新修理漆面过黑的误解,可以先打蜡抛光再进行比较。甚至在喷涂前加入少量的白色母使原黑色配方稍微浑浊一点。

(7)当调配因长时间暴露而褪色的颜色时,可以添加少量的白色或黄色色母。

6. 条件等色

两物体在日光下的颜色显得是一样的,但是在室内灯光照明之下却显得有差别。这种两种颜色在一种光源之下显示相同,但在另一种光源之下显出不同的现象,称为条件等色现象。对于有条件等色现象的物体,两物体颜色的光谱反射特性是不一样的,但是在某一种光源照射之下产生的三个刺激值是一样的,而在另一种光源照射之下则显现差异。这一问题常常是由于使用不同的颜料或材料所形成的。

不同的颜料各有自己吸收和反射特定的波长及能量,调色的实质则是在当时的光源条件下把不同的颜料筛选组合,从而模拟出该光源下所要求得到的反射光的波长及能量。除非是使用了完全相同的颜料,否则要使两种不同的颜料涂在不同的光源下颜色相同几乎是不可能的事。由于人眼是可以在可见光的范围内做到全波长和全角度的检测,而当光源随着周围环境的改变而改变时,如果所调配的颜色存在条件等色,人眼就能分辨出来。

条件等色在颜色调配中是相当常见的现象,所造成的色差一般较小。如果出现了严重的条件等色现象,基本上都与色母选用不当有关。这时候仅在原配方基础上增减色母数量已经不能很好地解决问题了,这时一定要改变所用的色母。

二、任 务 实 施

1.施工程序

在任务实施过程中,首先要正确掌握调配素色漆的施工程序,如图 3-1-1 所示。

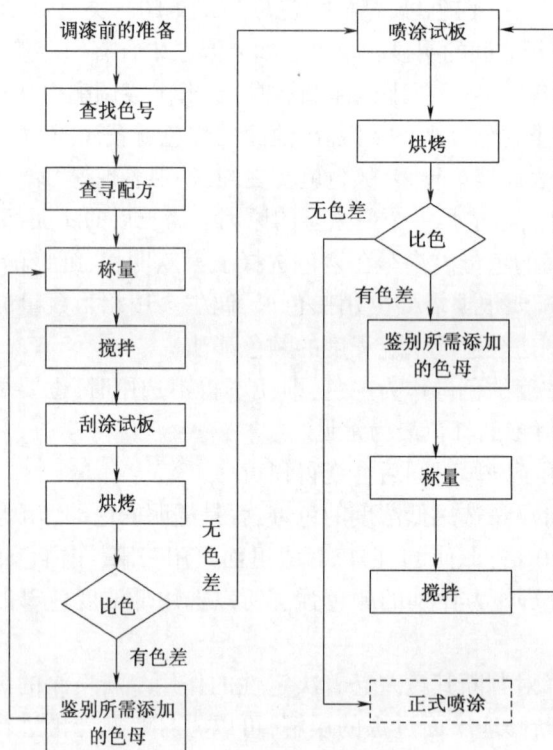

图 3-1-1　素色漆配色流程

2.调漆前的准备

(1)安全防护。我们每次进入调漆间前都要穿戴好防护用具,以确保我们的身体不受有机溶剂侵蚀伤害,如图 3-1-2 所示。

(2)打开供排风系统,保证调漆间在调色过程中空气流通,在调色完毕 10min 以后才能关闭供排风系统,以便充分排出有机溶剂。

(3)打开调漆机,让调漆机运转,确保色母搅拌均匀。

调漆机又称色母搅拌架、调色机。罐装涂料打开后盖上专用的带搅拌桨的盖子放在调色架上,调色架电动机启动后,在传动装置的作用下,可以均匀地搅拌调色架上的所有色母。调色架有大型和小型之分,常用的大型架可以放置 100 多罐色母,小型架可以放置 60 多罐色母。

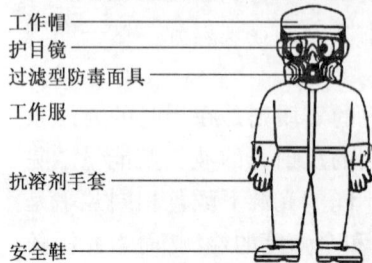

工作帽
护目镜
过滤型防毒面具
工作服

抗溶剂手套

安全鞋

图 3-1-2　调色防护

适当维护调漆设备对于正确调漆是至关重要的,应按以下建议维护调漆设备:

①调色架应放在平整、坚实的水平地面上,用螺栓固定在地基上,机械部件应经常滴加润滑油。

②色母上调色架之前,先用振动机摇动 5～10min 将其摇匀,或者打开涂料罐,用调漆尺把涂料完全搅拌均匀后盖上盖。

③搅拌桨盖应保持清洁无尘,及时清除桨盖出漆口处的涂料,否则桨盖的出漆口或通气孔关闭不严,溶剂蒸气放出,成为安全隐患。同时防止由于涂料中的溶剂挥发,使色母在使用过程中逐渐浓缩,影响调色准确性。桨盖出口附着干涸的涂料会影响色母倾倒和滴加的可控制性,甚至还会掉进容器内,影响色母称量的精确性。

④放置调色架的房间要通风,避免阳光直射,温度要适中,一般在 10～30℃之间,最好能保持在 20℃左右。

⑤上午和下午各开动调色架一次,每次搅拌 15～20min。

⑥色母上架后保持期一般不超过一年,时间太长质量下降,还影响调色精确度。

3. 查找色号

1)查找汽车原厂颜色编号

大部分汽车车身铭牌上都印有颜色编号,而铭牌所在位置按不同车厂及型号有所差异。国外部分汽车制造厂商颜色编号铭牌的位置见表 3-1-1 和图 3-1-3(表中数字与图中序号相对应)。

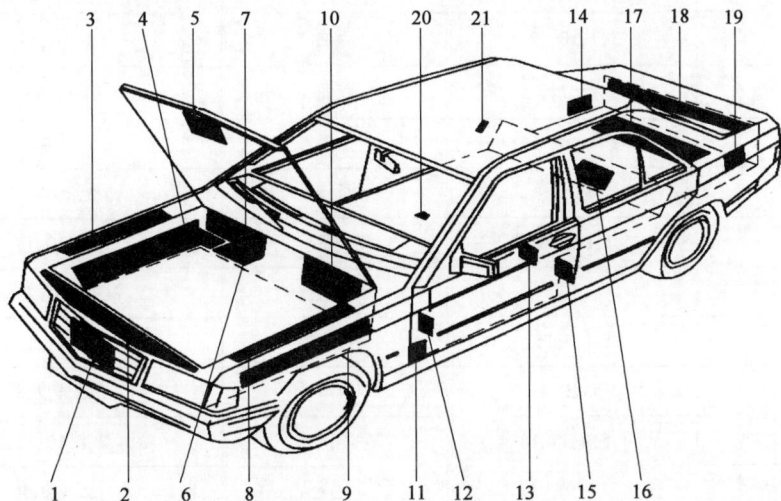

图 3-1-3　颜色编号铭牌在车身上的对应位置

国外部分汽车制造厂商颜色编号铭牌所处位置　　　　　　　表 3-1-1

车厂(车牌)名称	颜色编号位置	车厂(车牌)名称	颜色编号位置
阿库拉	15,22	凌志	3,7,10,15
阿尔法·罗密欧	5,8,14,17,18	莲花	3,8
奥迪	2,3,4,7,8	玛莎拉蒂	5
宝马	2,4,5,8,9,10	马自达	7,10,15

车厂(车牌)名称	颜色编号位置	车厂(车牌)名称	颜色编号位置
克莱斯勒	2,3,4,7,8,10	奔驰	2,3,8,12,15
雪铁龙	2	三菱	2,3,4,5,7,8,10,15
大宇	12	莫斯科人	14
达夫	2,7,10,20	日产	2,4,7,10
大发	15,18	欧宝	2,3,4,7,8,10
托马斯	5,18	标致	2,3,8
法拉利	4,5,14,18	保时捷	2,7,8,10,12,15
菲亚特	2,3,4,7,8,15	伯罗顿	2,7,10
欧洲福特	17,18	利拉特	3,4,7,9,10
福特	15	雷诺	3,7,8,10,15
波罗乃茨	7,10	劳斯莱斯	3,5
伏尔加	18	罗孚	2,3,5,7,10
通用	2,7,10,12	萨伯	3,8,10,15,17
本田	15,22	双龙	12,15
现代	2,7,10,15	土星	19
无限	7,10	西特	3,8,17,18
五十铃	2,7,10,13,15	斯柯达	8,10,17
依维柯	5	斯巴鲁	2,7,8,10,11,15
美洲豹	2,4,5,15	铃木	7,10,11,17,20
起亚	15	白鱼	2,3,4,7,8,9
拉达	4,5,8,17,18	丰田	3,4,7,8,10,11,12,15
兰博基尼	19	大众	2,8,9,10
兰西亚	18	沃尔沃	1,2,3,7,8,14,17,18,19

2)利用色卡查找油漆供应商内部颜色编号

有些待修补车颜色资料不全,如车身改过色,或铭牌上没有颜色编号,可以利用涂料供应商提供的色卡从色相、明度、彩度三个方面与待修补部位附近进行比较,挑选出最接近的颜色,找到对应颜色编号。

所有知名品牌的涂料供应商除了定期为其客户提供国际市场上最新推出的汽车颜色的配方外,还会给客户提供这些汽车颜色的色卡。

即使进行最严格、科学的控制,从生产线上下来的汽车颜色上还是会存在色差的。色差的存在给涂料调色工作造成一定的难度，所以涂料公司会收集市场上出现的差异色，研制配方并制作成色卡，希望以此帮助调色人员。

色卡是很重要的调色工具，一套完整、齐全的色卡会起到事半功倍的效果。

另外，在比色之前，应对待修补的目标板进行清洁处理，以免目标板上的污物遮盖其本来颜色面目，影响比色效果，造成将来车身上的颜色差异，如图 3-1-4 所示。

4. 查寻配方

把装有调色软件的光盘放入电脑光驱安装调色软件（涂料供应商会定期更新调色软件资料），在电脑桌面上用快捷方式打开调色软件，输入原厂颜色编号或涂料供应商内部颜色编号，找到颜色配方。该配方中包含涂料总量、各色母用量等信息。

由于因特网日益普及，许多国际大涂料公司纷纷推出"网上配方系统"，把准确、详细的配方在最短时间内让客户知道，第一时间内了解客户的困难，并给予指导、帮助。

5. 称量

找到颜色配方后，根据配方中各色母用量，利用电子秤称量相关色母质量。电子秤作为称量色母工具，是精密的设备。它应该放置在调色架的附近以方便称量，同时避免在工作中受震动而影响精度。

在称重色母过程中，涂料罐要轻拿轻放，避免强风吹过，引起读数不稳定。不要在电子秤上搅拌色母，以免损坏电子秤，或降低其精度。按照说明书的指示，定期校正电子秤。一般工作中仅需使用到小数点后一位精度的电子秤，只有在实验室中才用到小数点后两位精度的电子秤。

在称量色母时，应先倾倒涂料罐，然后逐渐拉操纵杆，让色母慢慢流出，如图 3-1-5 所示。如果先拉操纵杆，那么当漆罐倾倒时可能有大量色母立即流出，超出色母用量。视线应盯住电子秤液晶显示盘，关注读数的变化，并兼顾涂料罐出口油漆流量大小。根据色母用量多少，可采取先快后慢、最后滴加的称量方式，以便提高效率。也就是说，对用量较大的色母可先让流量大一些，当读数还差 3g 左右时，让流量变小；当读数还差 0.5g 左右时，采取滴加方式。

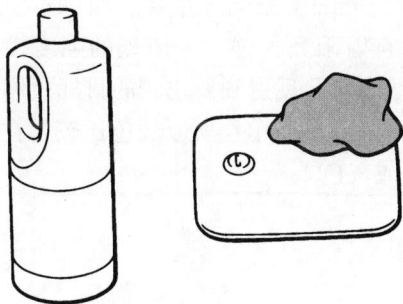

图 3-1-4　清洁目标板

图 3-1-5　倾倒色母方法

6. 搅拌

在称量完所有色母后，要用搅杆或调漆尺把容器内的各色色母搅拌均匀，在搅拌过程中，要不断地用搅杆刮容器内壁，使内壁上的色母与其他色母也能够充分混合，如图 3-1-6 所示。

7. 刮涂试板

用搅杆把混合均匀的涂料刮涂在试验板上。刮涂时要均匀用力,使涂层平整。底板的颜色透出或在试板上刮涂的面积太小,都会使后面的颜色对比不准确,造成颜色差异。所以如果涂料遮盖力较差,应先刮涂一薄层,让其干燥,然后再涂第二层,直到遮盖底板颜色。刮涂面积的一边至少应为 30mm,如图 3-1-7 所示。

图 3-1-6 搅拌色母   图 3-1-7 刮涂试板

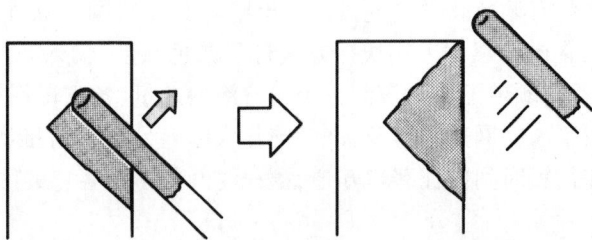

8. 烘烤

让刮涂好的试板静置 5~10min(如果不静置,刮好试板后就立即放入烤箱烘烤,涂料表面上会产生针孔,影响后面比色效果),待涂料中的溶剂蒸发后放入烤箱烘烤,如图 3-1-8 所示。施涂在试板上的均匀涂层,在干燥过程中,较重的颜料会下沉,较轻的颜料会上浮,所以某些颜色在刚刚施涂完时,其颜色是相同的,但是当干燥后,可能就不同了。例如:蓝和白两种基本颜色混合在一起,由于蓝色颜料较轻,在干燥过程中,蓝颜料向上移动,结果干涂层比湿涂层要蓝一些。由此可见,将试板烘干后再进行比色非常必要。

9. 比色

把烘干的试板拿出烘箱,与待修补的目标板从色调、明度、彩度三方面进行对比。

(1)比色时要注意光线和背景色对比色的影响。在比色中,所用光的类型非常重要。通常,物体的颜色指的是在阳光下看到的颜色,因此,比色最好在阳光下进行。如果没有阳光,那么必须在配色灯下进行。对于比色来说,光的强度与光的类型同等重要。颜色不应该在暗光下比较,也不应在直射的阳光下进行比较,因为直射阳光太强。一般光的强度控制在1500~3000lx。其他有色物体如车辆、墙壁的颜色光线有时会反射到要比较的目标板和试板上,使颜色看起来与其真正的颜色不同,影响比色,如图 3-1-9 所示。所以颜色比较要在不受其他颜色影响的地方进行,调色间的墙壁应涂成白色或灰色。

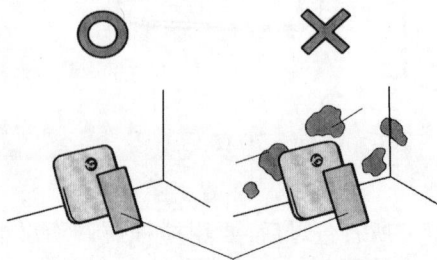

图 3-1-8 烘烤试板   图 3-1-9 背景色对比色的影响

（2）比色时，目标板与试板彼此放得尽可能近，它们之间不要留有间隙，如图3-1-10a）所示。

（3）观察的角度一般有两个，一个是迎着光线较强的反射光线的直接观察，也叫迎光观察；另一个是光线较弱的反射光线区域以外的间接观察，也叫背光观察，如图3-1-11所示。必须确保从两个角度观察目标板与试板，它们的色调、明度、彩度一致，才能说它们的颜色匹配。

（4）观察的距离要根据被观察物体的大小而定，较小的物体一般保持1m左右的距离，较大物体一般保持3～5m的距离。当然，比色之前，对观察者进行色觉检查也很重要。只有具有正常的颜色辨认能力的观察者，才能正确地分辨颜色差异。

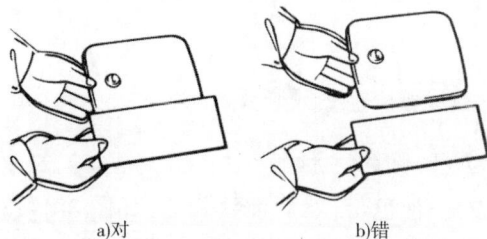

a）对　　　　　　　　b）错

图3-1-10　目标板与实验试板的放置位置

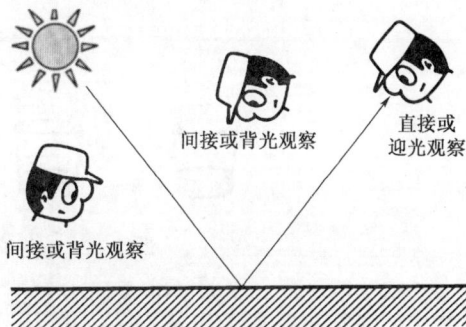

间接或背光观察

直接或迎光观察

间接或背光观察

图3-1-11　观察的角度

10. 鉴别所需添加色母

如果颜色比较的结果表明试板与目标板颜色不一致，那么必须鉴别需要添加哪种色母可以使试板色向目标色靠近，继而向按配方调配的混合物添加所缺色母，然后搅拌。这是一个比较→称量→搅拌→刮板→烘烤的循环过程，此循环一而再，再而三地重复，直到试板色与目标色相匹配。该循环过程叫精细配色，也叫微调。精细配色中最重要的一点是鉴定混合物中所缺的颜色。在这个过程中，第一印象最重要，这是因为，用于确定所缺颜色的时间越长，那么人的眼睛就越习惯于试板，从而使判断变得困难。

在判断所缺色母时，熟悉《色母指南》资料非常重要。《色母指南》是由汽车修补涂料供应商提供的，是表现色母特性的色卡。各家供应商所提供的《色母指南》有所不同，但目的都是为了让调色人员能够明了、直观地了解该品牌色母的特性，方便调色。

《色母指南》的色卡虽然各有不同，但设计原理都大同小异。一般会先列出纯色母的颜色，再列出该色母和白色母按一定比例混合后的颜色供调配涂料时参考，最后还列出该色母和银粉、珍珠色母按一定比例混合后的颜色供调配金属漆和珍珠漆参考。这样，每种色母在素色漆和金属漆中的特性基本都表现出来了；另外，由厂家提供的《色母指南》还会提供其他信息，如色母的遮盖力、色母在银粉漆或珍珠漆里的侧色调、银粉或珍珠的颗粒大小等。总之，涂料供应商所提供的《色母指南》是为了让调色人员快速、全面地掌握各种色母的性能，提高调色准确性。

还有一种比较重要的《色母指南》——色轮图。色轮和前面讲的色环一样，分为红、橙、黄、绿、蓝、紫等色。除了银粉漆、珍珠漆和白色外，其他色母都会在色轮上占据一个位置。

从各个色母在色轮上的位置就可以看到越靠近色轮的中心,色母颜色就越不鲜艳、越灰黑,反之就越鲜艳、越亮。

由于初学者对颜色的敏感程度较差,可以用下面的方法来确定所缺颜色。

(1)放好几个杯子,杯子的数目与配方中色母的数目相同(例如:有一个配方由4个色母组成,白色90g,黄色5g,绿色4g,黑色1g,则取用4个空杯子)。然后,分别向这些杯子中倒入少量(5～10mL)按配方调配的混合物,如图3-1-12所示。

图3-1-12 向杯子中倒入按配方调配的混合物

(2)再分别向4个杯子中滴加少量配方中的一种色母,然后搅拌均匀,如图3-1-13所示。由于混合物颜色的变化与色母在混合物中所占的百分比的变化有关,即色母在混合物中所占百分比变化越大,则对应的该色母颜色变化就越大,因此,添加混合比较小的色母时,应特别注意不能一次加得太多,只能逐滴滴加。比如前一个配方中,如果向100g该混合中分别添加1g白色和1g黑色色母,那么,白色色母总量从90g增加至91g,白色混合比由90%变为90.1%(91/101),变化了0.1%,没有多大变化,则白度也就没有多大变化。黑色色母总量从1g增加至2g,黑色混合比由1%变为1.98%(2/101),几乎变为原来的2倍,从而使混合物大大变黑。

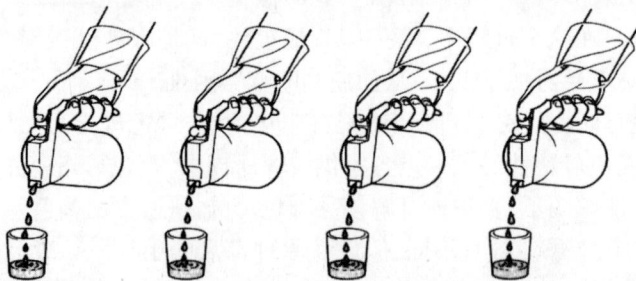

图3-1-13 分别滴加色母

(3)用搅杆将这些杯子中的混合物刮涂到不同的试板上,然后把试板放到烤箱烘烤,最后分别与目标板对比,看哪一块板的颜色与目标板颜色最接近,则原混合物就缺哪种颜色,如图3-1-14所示。

11. 喷涂试板

刮涂形成的涂层与正式喷涂形成的涂层有很大的差别,那么颜色也可能有差异。因此,为了最后确认试板色与目标色是否匹配,必须喷涂试板。喷涂试板比色法比较费时,但喷涂试板上形成的涂层与实车正式喷涂形成的涂层一样,这样调配出来的颜色准确。刮涂试板比色法所花时间较短,但在刮涂试板上形成的涂层与实车喷涂形成的涂层不一样,这样调配出来的颜色可能产生差异。所以,在配色过程中,先用刮涂试板比色法迅速鉴定所缺颜色类别,再用喷涂试板比色法确认试板色与目标色的匹配性,这样,才能快速、准确调配颜色。

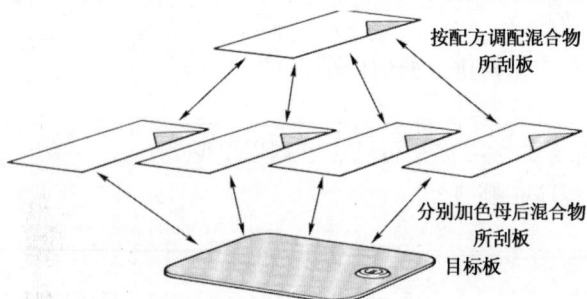

图 3-1-14　各种试板与目标板对比

（1）从容器中取出适量调配好的涂料混合物,按涂料供应商指示添加固化剂和稀释剂,并混合均匀,如图 3-1-15 所示。

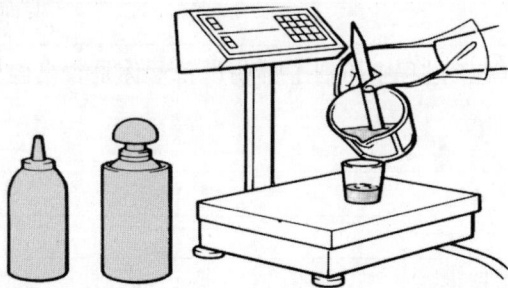

3-1-15　向调配好的涂料混合物中添加固化剂和稀释剂

（2）在与喷涂实际车辆相同条件下喷涂试板,即喷涂的距离、快慢、重叠程度、出漆量大小都要与实车喷涂相同。

后面的工作与刮涂试板比色法一样,烘烤试板,比色,看有没有色差。如没有色差,则配色完毕,进行实车正式喷涂;如有色差,则要鉴别所缺色母,称量添加所缺色母,搅拌均匀,再次喷涂试板,这也是一个循环过程,直到没有色差。

12. 收尾工作

调色完毕,我们要按照丰田的 5S 做好收尾工作,让调色室保持干净、整齐。5S 的主要内容是:整理（Seire）、整顿（Seiton）、清扫（Seiso）、清洁（Seiketsu）和素养（Shitsuke）,具体含义分别是:要与不要,一留一弃;科学布局,取用快捷;清除垃圾,美化环境;洁净环境,贯彻到底;形成制度,养成习惯。

三、评价反馈

1. 自我评价

（1）任务实施过程记录:

①我们穿戴的防护用具包括_____

②检查供排风系统是否打开_____

③调色室的温度_____，调色机上的色母数量_____，调色机的运转时间_____。

④铭牌在车上所处部位_____，原厂颜色编号_____。

⑤利用色卡查找到的涂料供应商的内部编号为_____。调配100mL涂料的配方为_____

（2）通过本学习任务的学习你是否已经掌握以下问题：

①素色漆的施工程序有哪些？

_____

_____

_____

②如何鉴定所缺色母？

_____

_____

_____

（3）在素色漆调色的施工过程中用到了哪些设备？你是否已经掌握了这些设备的正确操作技能？

评价：_____

_____

_____

（4）实训过程完成情况。

评价：_____

_____

_____

（5）工作着装是否规范？

评价：_____

_____

_____

（6）能否积极主动参与工作现场的清洁和整理工作？

评价：_____

_____

_____

（7）在完成本学习任务的过程中，你是否主动帮助过其他同学，并和其他同学探讨素色漆调色流程的有关问题？具体问题是什么？结果是什么？

评价：_____

_____

_____

(8)通过本学习任务的学习,你认为哪些方面还有待进一步改善?

评价:_____

_____

_____

签名:_____　_____年____月____日

2.小组评价

小组评价见表3-1-2。

小组评价　　　　　　　　表3-1-2

序　号	评 价 项 目	评 价 情 况
1	学习是否积极主动	
2	是否服从教学安排	
3	是否达到全勤	
4	着装是否符合要求	
5	是否合理规范地使用仪器和设备	
6	是否按照安全和规范的规程操作	
7	是否遵守学习、实训场地的规章制度	
8	是否积极主动地和他人合作、探讨问题	
9	是否能保持学习、实训场地整洁	
10	团结协作情况	

参与评价的同学签名:_____　_____年____月____日

3.教师评价

_____

_____

教师签名:_____　_____年____月____日

学习任务 2　银粉漆的调色

学习目标

1. 叙述银粉漆的呈色原理；
2. 叙述银粉漆调色的基本流程；
3. 根据规范流程正确完成银粉漆的调色；
4. 掌握喷涂试板技能，懂得喷涂方法对银粉漆颜色的影响；
5. 分析银粉漆的色差，能进行色差微调；
6. 懂得工作现场的安全防护要领并具有管理意识；
7. 对自己的学习和工作效果做出客观的自我评价。

任务描述

张先生的捷达轿车，在一次交通事故中前车门碰撞损坏，经保险公司理赔员定损后，开到涂装车间进行修补涂装。请你调配与原车门相同颜色的银粉面漆，安全、环保和规范地完成此项任务。

学习引导

本学习任务沿着以下脉络进行学习：

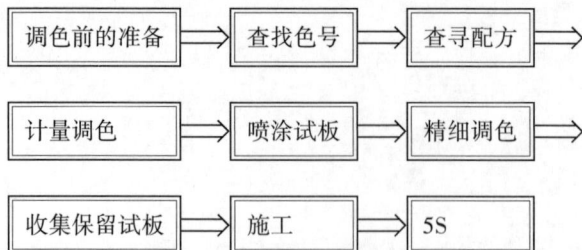

```
调色前的准备 → 查找色号 → 查寻配方 →

计量调色 → 喷涂试板 → 精细调色 →

收集保留试板 → 施工 → 5S
```

一、相 关 知 识

1. 金属漆由来

最早曾有人把研碎的鱼鳞和铜粉加入油漆中，以使光线能够靠这些碎片反射出来以达到闪烁的效果,但效果不太理想。在20世纪70年代,科研人员发现把细薄的铝片加入油漆后,闪烁效果非常好,并可以造成迎光与背光观察颜色深浅不同。这种发明后来被越来越多地运用到汽车涂装上,这就是我们所说的金属漆。在本书中,像"金属闪光色"、"云母色"和"石墨色"这样的双涂层涂料,由于漆膜中含有金属颜料或能产生像金属一样的闪光,我们把它们统称为金属漆。金属漆包含银粉漆和珍珠漆,它改变了传统颜色单调的缺点,通过其中铝片的反射光线,使不同的角度都产生闪闪发光的效果,吸引人的注意。铝片就像许多小镜子,尺寸从 $7 \sim 33 \mu m$,铝片在银粉漆里会使明度产生各向异性。

2. 金属漆的特点

(1)在阳光下产生独特的闪光;

(2)直接观察或间接观察时,明度会发生很大变化;

(3)透明度和深度极好。

金属漆产生了不同于素色漆的设计效果,和素色漆相比涂装工艺不同,涂膜组成不同,如表3-2-1和表3-2-2所示。

金属漆与素色漆涂装工艺比较   表3-2-1

项　　目	金　属　漆	素　色　漆
基本涂层涂装工艺	涂4次,烘3次	涂3次,烘3次
使用的颜料	着色颜料 + 明亮颜料	着色颜料
清漆层	使用	不使用

注:涂4层,烘3次指的是涂装工艺喷涂4层,烘烤3次。

金属漆与素色漆的涂膜组成比较   表3-2-2

漆　　类	金　属　漆	素　色　漆
涂膜组成	清漆	
	瓷底漆	面漆
	中涂底漆	中涂底漆
	底漆(电泳)	底漆(电泳)
	底材	底材

与涂装素色漆的喷涂3次、烘3次的方法相比,金属漆采用喷涂4次、烘3次的方法。素色漆和金属漆从底漆到中涂底漆的干燥阶段,涂层组成是相同的,但是素色漆只需一层面漆,而金属漆面漆包含两层(瓷底漆和清漆)。正是涂布在瓷底漆的清漆层使金属漆产生了透明和深度的效果。

3. 金属漆所用的颜料

就涂料中的成分而言,金属漆和素色漆几乎由相同的树脂和溶剂组成,只是颜料的种类不相同。素色漆含有的着色颜料金属漆中也有。此外,金属漆中包含金属颜料或能产生金属效果的颜料,如铝或云母颜料。

1)着色颜料

着色颜料是一些不溶于水、油或溶剂的微小颗粒,它们自身附着在其他物体上。可是一且它们与树脂相混合,就能黏附到其他物体上或以微小颗粒扩散到物体中。从制造这些颜料的材料来源划分,颜料可以分为两大类,一类是天然颜料,另一类是合成颜料;从颜料的化学成分划分,颜料又可以分为无机颜料和有机颜料。

（1）无机颜料。无机颜料主要由锌、钛、铝、铁或铜的金属化合物质组成。这些颜料耐候性、耐蚀性和遮盖效果好,但就颜色的生动性而言不如有机颜料。

（2）有机颜料。在遮盖效果方面,有机颜料不如无机颜料好。由于有机颜料纯度高,色泽鲜艳,颗粒小,具有透明感,因此,在汽车上主要用于金属色和生动的素色漆。无机颜料和有机颜料的对比如表3-2-3所示。

无机颜料和有机颜料的对比   表3-2-3

颜 料 分 类	色 相	耐候性	热阻性	抗溶剂型	遮盖效果	密度
无机颜料	稍缺少生动性	高	高	高	好	大
有机颜料	生动	低	低	低	差	小

在涂料中经常使用的彩色颜料见表3-2-4。

涂料中经常使用的彩色颜料   表3-2-4

颜 色 类 型	颜 料 名 称	颜 色 类 型	颜 料 名 称
白	钛白,锌白,白铅	红	铁红（氧化铁）
黄	赭石、黄	绿	酞花青,氧化铬
蓝	酞花蓝	黑	炭黑,黑铜

2）铝颜料

铝颜料在阳光下产生金属特有的闪光。根据表面结构,铝颜料大体分三类,每一类又按照颗粒大小进一步分为更小的类别,如表3-2-5所示。总的类别数随生产厂不同而有所不同,有20～30种基色。

铝 颜 料 类 型   表3-2-5

类 型	标 准 型	白 色 型	强 闪 光 型
	Z字形的	球形的	平板形的
设计形状			
1000×显微图像			
特性	比其他两种类型有点暗	从任意角度看时发出浅的闪光	直接看时发出闪光耀的光,迎光或间接观察时亮度有很大差别

3)石墨颜料

石墨颜料除与普通黑颜料有同样的黑色外,石墨颜料的特性如表3-2-6所示。如果将一定量的两种颜料相比较(图3-2-1),由于石墨颗粒直径大并且颜料之间间隙大,会降低颜料遮盖底层的效果(遮盖力)。因此,如果石墨颜料中混入含有铝或钛膜云颜色的涂料,所产生的闪光会比普通的黑色颜料更耀眼。

石墨颜料与普通黑颜料的比较 表 3-2-6

颜料类别	石墨颜料	普通黑颜料
材料	碳晶体	碳化物
形状		
尺寸	平均颗粒直径大约为 5μm(不均匀粉状结构)	最大 1μm
颜色	暗灰色光泽(直接观察为丝状光泽),间接观察时色度减弱	黑
遮盖效果	差	好

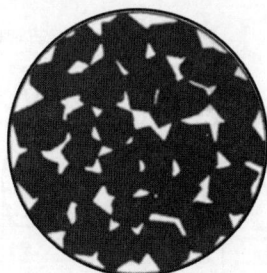

a)石墨

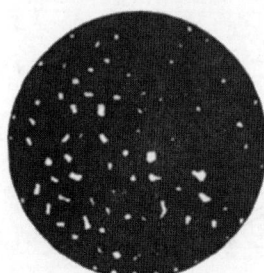

b)普通墨

图 3-2-1 石墨颜料与普通黑颜料

4)乳白色颜料(氧化钛颗粒颜料)

乳白色颜料是半透明的,其氧化钛的大小为普通白色漆中氧化钛大小的1/10。乳白颜料有两种颜色光特性,与钛膜云母颜料类似,直接观察时表现黄色,间接观察时表现蓝色。乳白颜料与普通白颜料相比,性能见表3-2-7。

乳白颜料与普通白颜料的比较 表 3-2-7

颜 料 类 型	乳 白 颜 料	普通白颜料
材料	氧化钛颗粒	二氧化钛
色调	半透明 直接观察:黄 间接观察:蓝	乳白和白色
遮盖效果	差	好

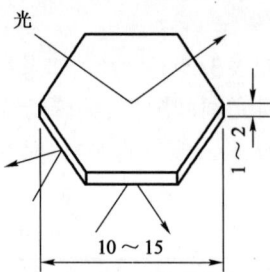

图3-2-2 MIO颜料(尺寸单位:μm)

5)含云母的氧化铁(MIO)颜料

氧化铁具有六角晶体结构,如图3-2-2所示。含云母的氧化铁颜料具有如下普通颜料没有的特性。

(1)有相当的厚度(大约比铝颜料厚10倍),他们也能从背光反射光。

(2)表面极光滑,反射力强。

(3)见光时,颜料发出像钻石似的三维闪光。

(4)颜料密度大。

6)氧化铁粉(PIO)颜料的特性

氧化铁粉是六角晶体结构,如图3-2-3所示。由于含云母的氧化铁颜料具有晶体结构,不允许大部分光分量透过,因此颜料是黑色的。相反,氧化铁粉颜料要比含云母氧化铁颜料稀,允许光线穿过,产生红珠光色闪光。氧化铁粉颜料具有珠光色云母涂料不能达到的深度,因为氧化铁粉颜料的厚度大约为普通云母颜料的3倍。氧化铁粉颜料具有含云母的氧化铁颜料的柔和光泽和云母的透明,另外又能产生一定的深度。

7)酞花青粉末颜料

酞花青粉末颜料是将普通的蓝颜料(酞花青颜料)结晶成粉末而形成的。这种颜料是半透明的,其表面反射的光为古铜色(有金属闪光的红黄色),而透过的光为蓝色,如图3-2-4所示。

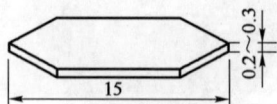

图3-2-3 PIO颜料(尺寸单位:μm)

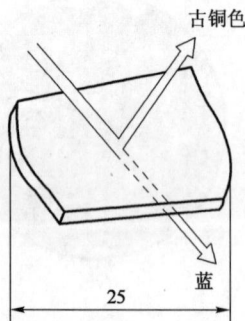

图3-2-4 酞花青粉末颜料(尺寸单位:μm)

8)二硫化钼颜料

二硫化钼具有与石墨(六角晶体层结构)一样的晶体结构。二硫化钼颜料是粉粒颜料,基本特点类似于石墨颜料,如表3-2-8所示。

二硫化钼颜料和石墨的比较   表3-2-8

项　　目	二硫化钼颜料	石　　墨
材料	二硫化钼	碳
形状	粉末	
颗粒直径	4~5μm	
特性	直接观察时有丝状光泽;间接观察时色度减弱; 与石墨相比,更蓝、更亮和更具有光泽	直接观察时有丝状光泽;间接观察时色度减弱

4.银粉漆呈色原理

当光线照射到银粉漆上时,铝粉颜料便会如同镜子般将光线反射出去,因此银粉漆随着观察角度的变化会影响明度。因此银粉漆产生的特效是靠铝粉颜料与遮盖力低颜料的配合而达成的,高遮盖力的颜料会阻碍铝粒子的反射光线。搭配透明颜料才能体现出彩色的变幻效果,如图3-2-5所示。

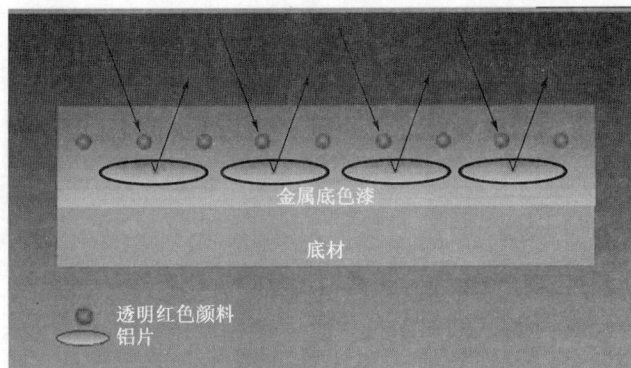

图3-2-5 银粉漆的呈色原理

当观察角度不同时,银粉漆呈现的颜色也不一样,如图3-2-6所示。当你在 A 点角度观察时,可以看到金属光泽,因为铝粉表面反射光线;当在 B 点角度观察时,颗粒尺寸小,没有反射,颜色变暗,这就是背光时的颜色。在银粉漆中,对每个颜色配方来说,银粉色母决定了该颜色的明度和彩度,而纯色色母决定和控制该颜色的色调。在银粉漆配方中的主要颜料越透明越能保持铝片在漆中如镜子般反射的作用。清漆会稍微改变色漆层的颜色,与没涂清漆相比,其明度会降低变深。

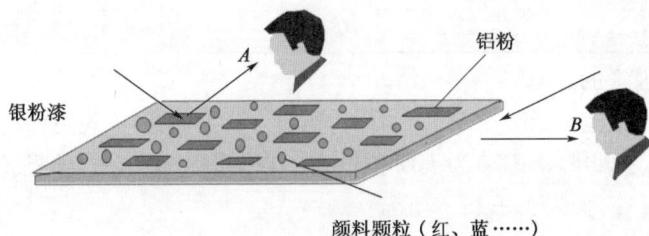

图3-2-6 迎光观察、背光观察银粉漆的效果

5.影响银粉漆颜色的因素

汽车修补施工的特点决定了其必须使用手工喷涂,由于人工操作的随意性,所以涂料的颜色会出现色差。此外,施工环境也能明显造成喷涂后的色差。一般经验而言,深颜色的金属漆受到的影响少,浅颜色的金属漆受到的影响大,素色漆基本上不会受到影响。

1)个人喷涂习惯的影响

手工喷涂的效果为个人习惯所制约,如走枪快慢、枪距远近、喷涂遍数、流量调节、闪干时间、清漆厚薄等都对最后的颜色产生影响,如表3-2-9所示。对于大多数色漆而言,这些因素会造成颜色的深浅不一。

喷涂习惯对银粉漆颜色的影响　　　　　　　表3-2-9

颜色偏向 影响因素	浅	深
走枪速度	快	慢
枪距远近	远	近
喷涂遍数	多	少
涂料流量	小	大
清漆厚度	薄	厚

2）其余人为操作因素的影响

（1）喷枪调节及稀释剂对银粉漆颜色的影响。

除了人为习惯造成的影响外，另外一些手工操作上的因素也会对颜色造成影响，例如稀释剂配比、稀释剂类型、喷枪口径、气压调节、枪幅（扇面）调节、中途烘烤等，如表3-2-10 所示。这些因素往往是人为疏忽，只要在操作上注意按照技术手册上的说明，这些人为因素误差是可以避免的。

人工操作对银粉漆颜色的影响　　　　　　　表3-2-10

颜色偏向 影响因素	浅	深
稀释剂配比	多	少
稀释剂类型	快干	慢干
喷枪口径	大	小
气压调节	小	大
枪幅（扇面）调节	大	小
中途烘烤	无	有

（2）施工环境因素的影响。

施工环境是客观因素，无法避免，例如环境温度、环境湿度、空气对流等。随着施工设备的规范化和专业化，这些因素逐渐为人所控制，如在烤房内制作试板、调节烤房的温度和湿度、烤房的风压状况等，如表3-2-11 所示。

施工环境因素对银粉漆颜色的影响　　　　　　　表3-2-11

颜色偏向 影响因素	浅	深
环境温度	高	低
环境湿度	小	大
空气对流	增加	减少

综上所述，手工喷涂的修补漆在颜色的重现性上是相当弱的。可以说，即使是同一罐油漆、同一把喷枪、同一个人，只要在不同的时间喷涂，都有可能会产生不同的结果，这是不可避免的缺点。但从另一方面来讲，也可以转化为优点，那就是施工人员的灵活掌握，利用喷涂方式的改变从而达到微调颜色的目的。

3）银粉漆中铝粉排列方式的影响

各种因素能影响银粉漆的明暗,根本原因是这些因素的改变导致了银粉漆中铝粉的不同排列,最常见的排列有两种,如图3-2-7所示。

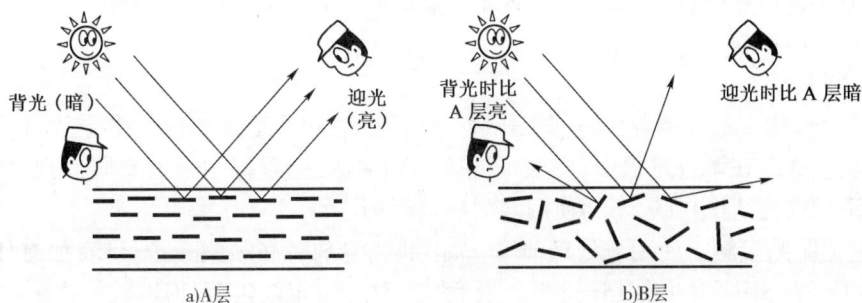

图3-2-7　银粉漆中铝粉的排列方式

由于涂层A的铝粉排列很好,直接观察时反射光线强,涂层A明亮;间接观察时,由于实际上无光线反射,显得暗。由于涂层B的铝粉排列不均匀,直接观察时反射光线少,涂层B看起来暗;间接观察时,由于有些反射,涂层B比涂层A更加明亮。

4）银粉漆中铝粉的沉降影响

除了铝粉的排列方式会影响银粉漆的颜色外,银粉漆中铝粉的沉降对颜色的影响也很大,如图3-2-8所示。

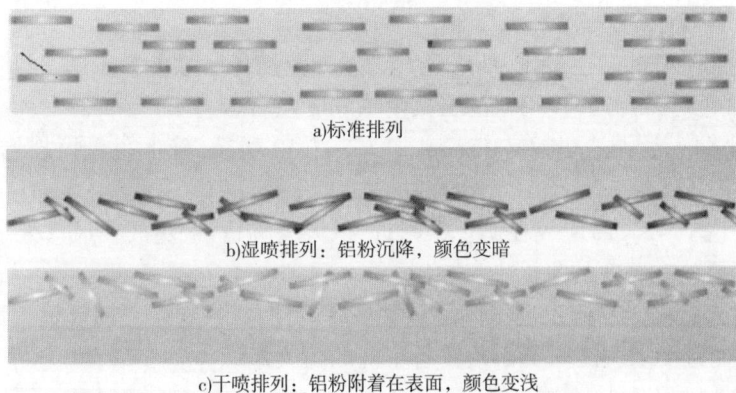

a)标准排列

b)湿喷排列:铝粉沉降,颜色变暗

c)干喷排列:铝粉附着在表面,颜色变浅

图3-2-8　铝粉沉降对银粉漆颜色的影响

5）铝粉颗粒大小的影响

银粉漆变幻的效果还与铝粉颗粒尺寸大小有关。下面是常见的铝粉颗粒尺寸及对颜色的影响:

（1）细银（10μm）:侧面亮度低。

（2）中银（20μm,30μm,40μm）:通常单独使用,或与其他银粉配合。

（3）粗银（50μm）:对侧面色调的影响较大。

二、任 务 实 施

1.银粉漆调色施工程序

在任务实施过程中,首先要正确掌握银粉漆的施工程序,如图3-2-9所示。

2.调色前的准备

1)安全防护

(1)避免皮肤接触。穿着合适的工作服及佩戴合适的手套;使用隔绝性护手油膏以保护裸露的皮肤。如果在调色过程中,皮肤不慎接触到油漆,应脱掉污染的衣服,用肥皂水或其他皮肤清洗剂彻底清洗皮肤,不要使用溶剂或稀释剂。

(2)避免眼睛接触。使用或处理油漆、固化剂和溶剂时必须佩戴护目镜;如有任何稀料溅入眼睛,应马上用清水冲洗15min并送往医院治疗;使用双组分油漆喷涂试板时,应使用供气式面罩。

(3)避免呼吸系统接触。打开供排风系统,保证调漆间在调色过程中空气流通,在调色时选择合适的面罩。在调色完毕10min以后方能关闭供排风系统,以便充分排出有机溶剂。如果作业者吸入过量油漆蒸气,呼吸变得不规则,应将其移至有新鲜空气的环境中,保持身体温暖,放松。如果作业者失去知觉,应将其放在救助地点,立即求救。

因此,每次进入调漆间前都要穿戴好防护用具,以确保我们的身体不受有机溶剂侵蚀伤害,(图3-1-2)。

(4)避免食用接触。切勿在调漆间内进食或吸烟,以避免误服异物,所有工作人员进食或使用卫生间前必须彻底洗手。

2)设备运行注意事项

(1)为了达到最好的调色效果,所有色母必须充分搅拌后才可置于调漆机上。若使用未上架色母或整罐色母,请务必使用振荡器振荡10min左右。

(2)打开调漆机,让调漆机运转15min,如图3-2-10所示,确保色母搅拌均匀才可配漆。确保每天上、下午各运转一次,每次至少15min。

(3)电子秤(图3-2-11)应放在调色架附近,以方便称量,避免放在风口处。

(4)电子秤要放在坚实的桌面上,避免摇晃。

(5)注意防火。漆雾和挥发性气体是易燃易爆的,所以每次调漆前需检查调漆间的防火设备是否正常,而且要求调漆人员必须具备正确的防火意识。

3.调色

1)确定原车颜色

确定原车颜色可以有三种方法:

(1)查找车身颜色代码,可参考表3-1-1和图3-1-3。

(2)用便携式电脑测色仪测车身颜色,如图3-2-12所示。便携式电脑测色仪的探头直接在汽车待修补部位测得最为可靠的数据,该数据经配色系统处理后,就可以获得精确的配方。测色仪是一种便携式的颜色分析仪和软件系统,专为正确辨认颜色和颜色调配所设计,能读取并储存多个车身颜色的数据,配合相应的电脑应用程序使用,然后将数据传输到计算机配色系统内进行处理,可以快速找到颜色的配方。

图 3-2-10　运转调漆机

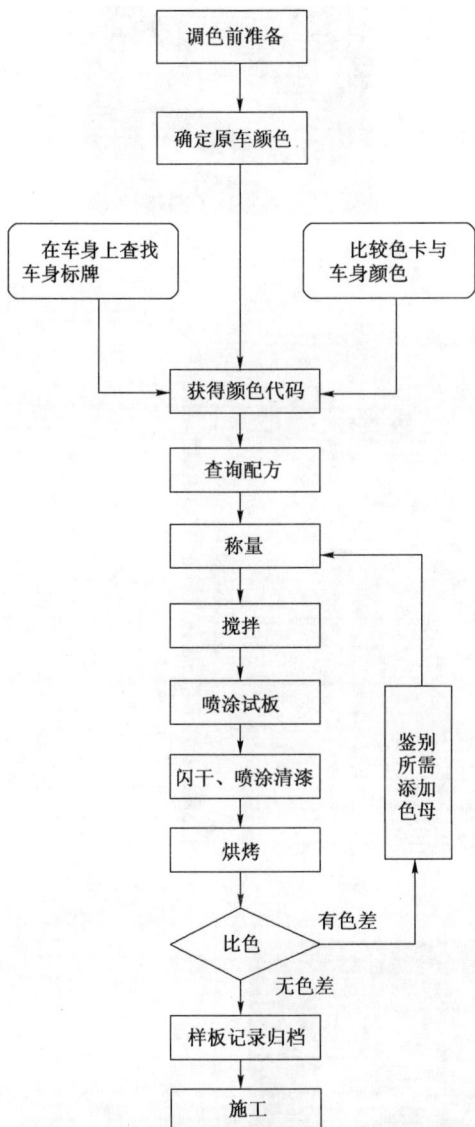

图 3-2-9　银粉漆调色流程图

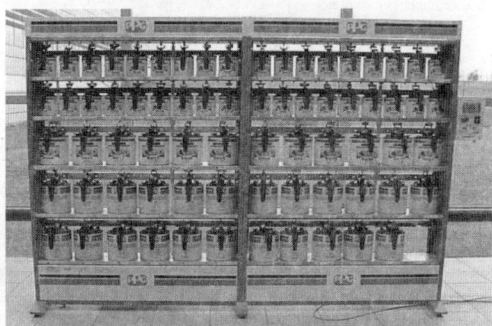

图 3-2-11 电子秤

（3）如果在车身上无法找到原厂色号，就要用细蜡进行清洁处理修补区域附近，然后利用涂料公司提供的色扇里的色卡（图3-2-13），从色调、明度、彩度三个方面进行比对，帮助尽快找到接近的颜色，根据色卡查出对应的颜色代码，即可得到相对接近的配方，如图3-2-14所示。

2）查询配方

在车身上查到原厂漆号或通过色卡对比找到色号后，用电脑查询配方。因为电脑中存有所有色卡配方，用户只需将查找到的色号和所需分量输入电脑就可直接查阅计算好的配方数据，快捷、方便、计算准确，现以 PPG 调色系统举例如下。

打开电脑，在桌面上找到　　图标，双击，屏幕自动跳出颜色查询系统的画面。

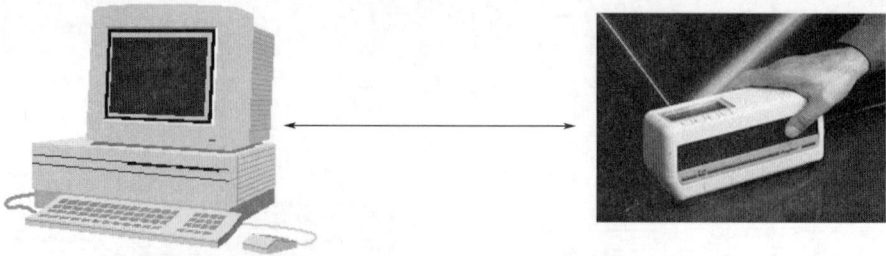

图 3-2-12　测色仪测试颜色

图 3-2-13　色扇

a) 清洁

b) 比色

图 3-2-14　在色卡中找到最接近的颜色代码

（1）系统进入颜色查询界面，如图 3-2-15 所示。

（2）配方查询。一般而言，配方查询有以下两种方法。

方法一：按原厂代码查询配方，如图 3-2-16 所示。

步骤 1：当知道原厂色号时，可直接点击"代码"键（图 3-2-16），系统出现如图 3-2-17 所示的界面。

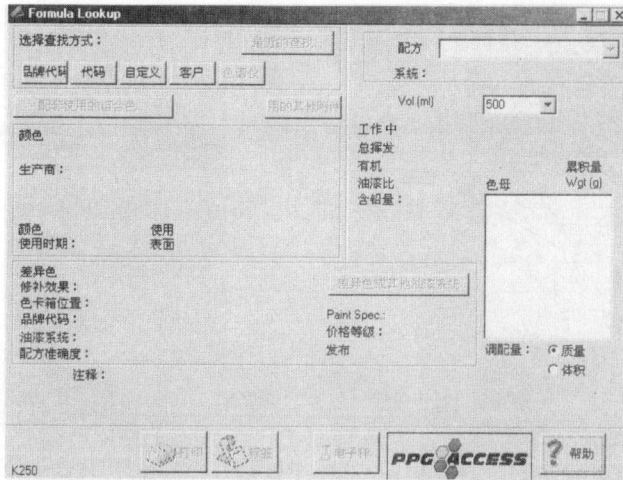

图 3-2-15　颜色查询系统进入界面

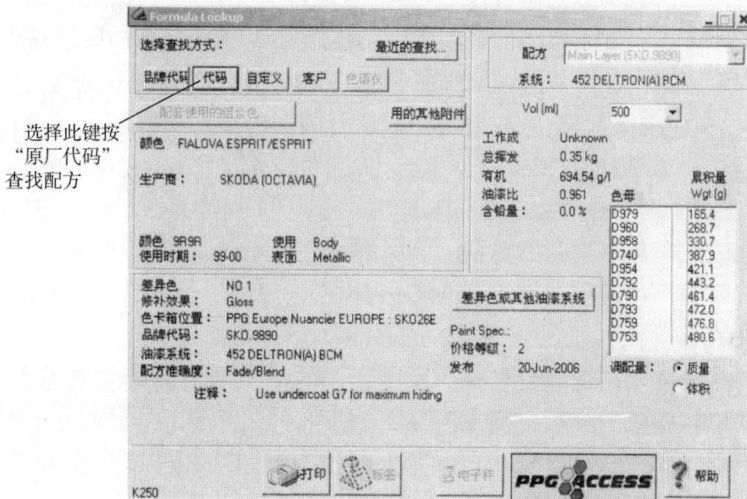

选择此键按
"原厂代码"
查找配方

图 3-2-16　颜色查询系统进入界面——按代码查询

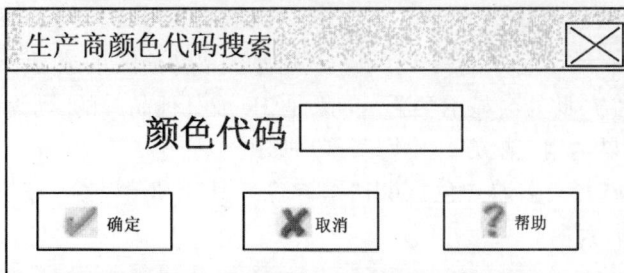

生产商颜色代码搜索

颜色代码　[　　　　　]

确定　　　取消　　　帮助

图 3-2-17　按原厂色号进行查询

步骤2:在颜色代码内输入原厂色号(以大众银灰 L97A 为例),点击"确定"键,进入图3-2-18所示界面。

界面介绍(结合图3-2-18阅读):

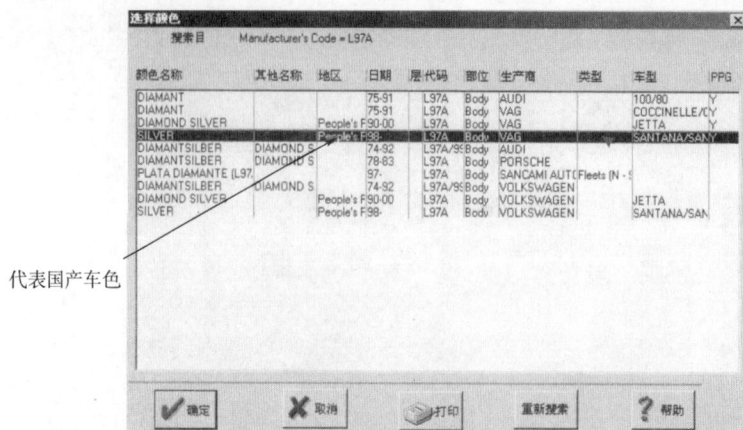

图 3-2-18　输入原厂色号后的系统界面

①颜色名称:您所查的颜色的标准名称。

②其他名称:您所查的颜色除标准名称外,可能还会有其他称呼,会在此列显示(如图中奥迪的银色除 DIAMANTSILBER 外,还有 DIAMOND SILVER 钻石银另一种称呼)。

③地区:当位置空白的时候,表示这是一个国际通行的颜色;当不是空白时,所出现的名称代表这个颜色在该地区出现,它一般与国际通行的颜色会有所差别。提示:国内的用户在选择国产车色时,只需选择有"People's Republic Of China"字样,选择的就会是一个国产车的配方。

④日期:代表此车色出现时的日期。

⑤部位:代表此颜色运用在车声的位置。如图中"Body"就代表了 L97A 是运用在车身上的(如果运用在保险杠上,则会显示"Bumper"等)。

⑥生产商:代表汽车制造商的名称。由于不同的汽车制造商可能使用了相同的颜色代码,因此您需要确认相应的汽车厂商。图 3-2-18 中,同一个颜色,就来自于不同的车厂,如"奥迪"(AUDI)、"大众"(VOLKSWAGEN)、"保时捷"(PORSCHE)等。因为我们是选择大众的 L97A,所以生产商是"VOLKSWAGEN"。

⑦车型:表示此颜色曾经使用在哪些车型上。如图 3-2-18 中,L97A 就运用在国产 JET-TA(捷达)或 SANTANA(桑塔纳)上。

⑧PPG:本位置表示该配方是属于 PPG 公司达壮品牌油漆的或是 2K 品牌油漆的。提示:如果是达壮的配方,此处会显示"Y"。如果是 2K 或其他品牌的,则为空白。

步骤 3:系统即显示相应配方,如图 3-2-19 所示。

步骤 4:如果想选择更多差异色,点击"差异色或其他油漆系统"按钮,即可出现更多差异色,如图 3-2-20 所示。

界面介绍:

此界面允许选择您想要的油漆系统和相应的配方。下面出现"√"时,代表有该系统配方供使用。可以通过双击"√"选择相应的配方。图 3-2-20 中,左边列出了 L97A 的标准色及差异色,其直接显示的,即代表色卡中可查到。若选择"显示差异色",则会显示更多差异色配方。同时,这些差异色名称旁边会出现如(W),(Y)等符号,代表其颜色与标准色有差异的地方。

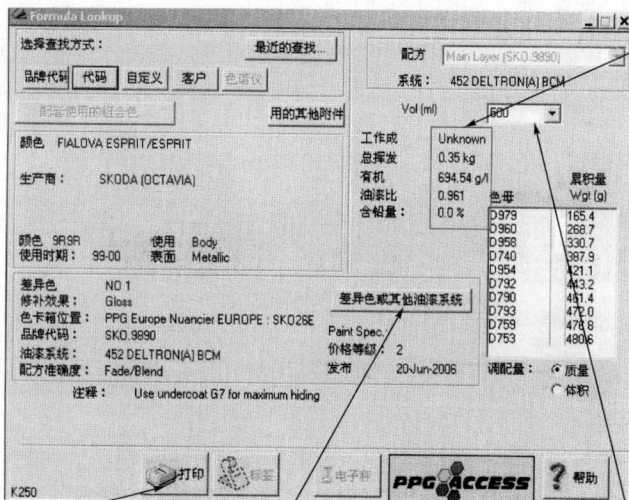

通过此部分内容，可了解此配漆的具体信息，如VOC含量、油漆密度、含铅量等

确定选择的升数后，可以直接点击"print（打印）"打印配方

此键可供选择需要的差异色

按此按钮可以选择所要调配的升数

图 3-2-19　配方系统

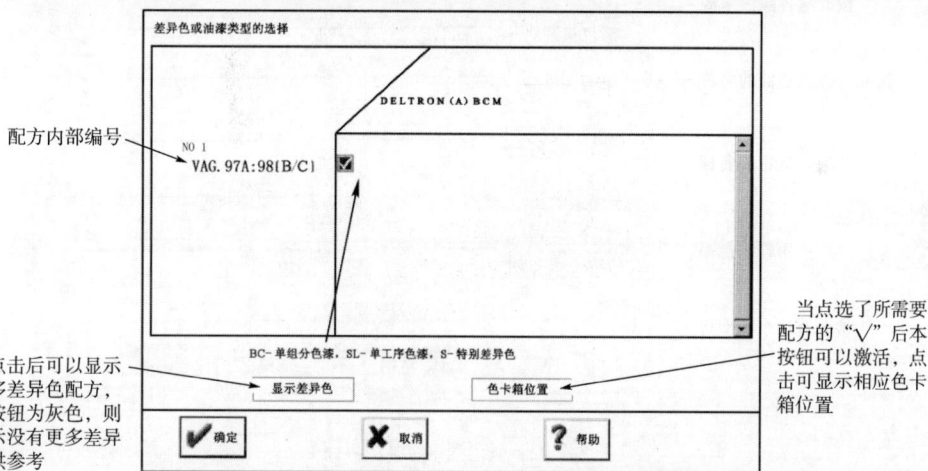

配方内部编号

当点选了所需要配方的"√"后本按钮可以激活，点击可显示相应色卡箱位置

点击后可以显示更多差异色配方，如按钮为灰色，则表示没有更多差异色供参考

图 3-2-20　差异色系统选择界面

方法二：按品牌代码查找配方。用品牌代码（板号代码）查找的步骤和按代码查配方基本相同。

步骤1：点击"品牌代码"按钮，如图3-2-21所示。

步骤2：进入下一个界面后，输入想要查找的编号。

如果输入的编号是属于汽车制造厂范围，用鼠标单击在"仅搜索汽车类"前面的方框，然后点击"确定"键，可以加快其搜查速度。

步骤3：当进入颜色选择画面后，其步骤与按代码查找的方法相同。

当需要查找某些特定的颜色或对车身颜色的资料不清楚时，可以直接定义某些具体的条件进行查找。

首先点击"自定义"按钮进入如图 3-2-22 所示界面。

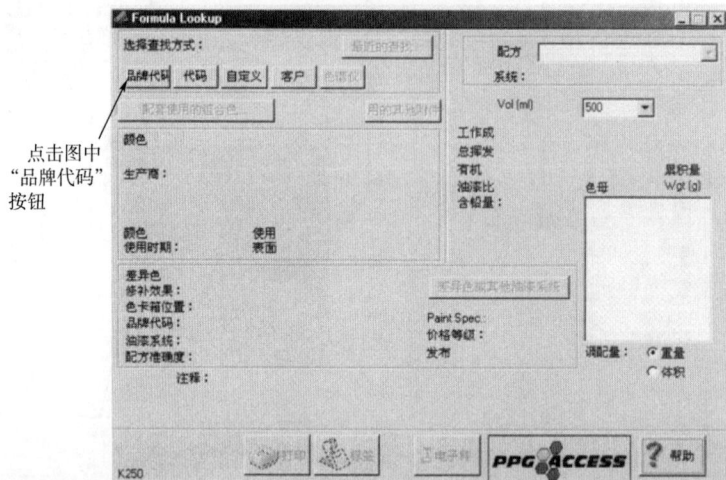

图 3-2-21　颜色查询系统进入界面

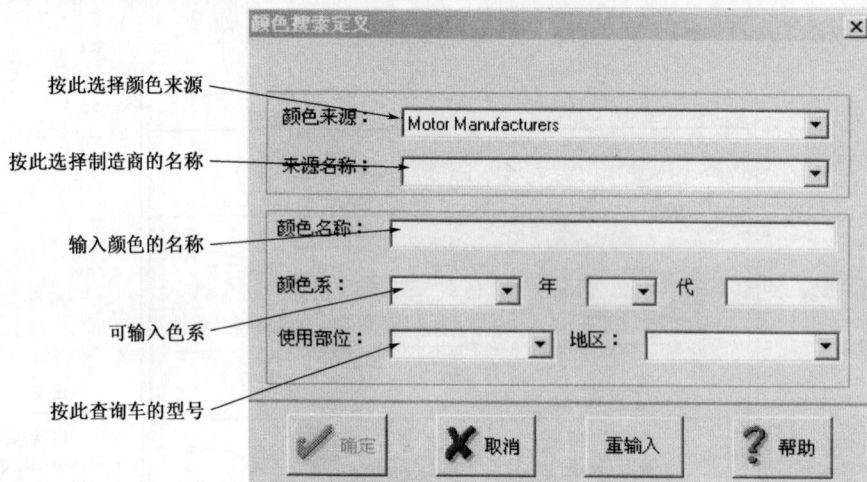

图 3-2-22　颜色搜索定义图界面 1

界面介绍：

①颜色来源：

Motor Manufacturers(小车)；

Commercial Vehicle Manufactures(商用车)；

Light Commercial Vehicle Manufacturers(轻工业漆)；

International Standards(RAL,etc.)(PANTONE 或 RAL 系列)。

②来源名称：即制造商的名称,有大众、通用、马自达等各原厂的名称。

③颜色名称：输入您所知道的颜色英文名。

④颜色系：您可选择如下色系。

Beige（米色）；　Brown(棕色)；　Maroon(栗色)；　White(白色)；

Black(黑色)；　Green(绿色)；　Orange(橙色)；　Yellow(黄色)；

Blue(蓝色)；　　Grey(灰色)；　　Red(红色)。

⑤年：代表您所知的此颜色使用的年份。

⑥使用部位：代表此颜色运用的部位。

Body（车身）；Dashboard（仪表盘）；

Bumper（保险杠）；Grille（车前端护栅）。

⑦地区：若是国内车色,选择"People's Republic Of China"；否则,不需选。

您可以输入尽量多的内容,以缩小所要查找的范围,但并不是所有的空格都要填满。如当您要查询丰田灰色保险杠的颜色配色时,您可以按图 3-2-23 所示选择,然后点击"确定"键即可。

图 3-2-23　颜色搜索定义图界面 2

后续步骤：当进入颜色选择画面后,其余步骤与按"代码"查找的方法相同。

3）称量

找到颜色配方,确定需要油漆的数量,利用电子秤计量添加相关色母的质量。按照使用说明书的指示定期校准电子秤,然后进行称量。不要在电子秤上搅拌色母,这样会损坏电子秤或降低其精度。在添加色母时,最好首先倾斜漆罐,然后逐渐拉操纵杆,让色母慢慢倒出。如果先拉操纵杆,那么当漆罐倾斜时可能有大量色母立即倒出。为了在倾斜末尾进行精细调整,也必须小心操作操纵杆,以控制色母流量。在一般的调漆工作中,只需要用到精确到 0.1g 的电子秤,只有在实验室中才会用到精确到 0.01g 的电子秤。虽然各种色母的质量因颜色而异,但是通常情况下一滴的质量大约为 0.03g,三滴的质量在 0.1g 左右。电子秤不具备四舍五入的功能,例如,实际上是 0.16g,而电子秤只显示 0.1g。所有实际的质量一般比显示的质量大。因此,在理论上要准确调配一个配方,每个色母的最小加入量应该在 0.5g以上,这样可以提高调色精度。

在称量添加色母过程中,我们要注意累积质量和单独质量的差别。很多调漆人员在调漆时习惯采取每次加完色母后电子秤不归零的方式,正如前面所说的,当每次的误差累积起来后,后面所加的色母就会偏少。例如油漆实际质量是6.19g,电子秤的显示为6.1g,这时只要滴加一滴色母,电子秤就会立即显示6.2g;而如果油漆实际质量是6.10g,就可能要滴加2滴色母,电子秤才能显示6.2g。这种差别虽然不大,但是在添加少量对颜色影响较大的色母时误差就会很大。在称量过程中,尽量选用每加一次色母电子秤归零的方式来提高调色的精度。

4)搅拌

在添加完所有色母后,要用搅杆或比例尺混合涂料,以产生均匀的颜色。如果涂料粘到容器的内壁,要用搅杆刮下涂料,以防产生色差。

5)喷涂银粉漆试板

搅拌好之后,手指涂抹和直尺比色都不能显示正确的颜料排列,而且湿涂料的颜色不能真实反映干涂膜的颜色,特别是金属漆中银粉的颗粒和亮度,不经过喷涂不可能把握准确。而应该采用与修补喷涂相同的施工手法喷涂试板,如图3-2-24所示。在银粉漆的配色中喷涂试板是很重要的一步,具体注意事项如下:

(1)选用试板材质需要跟汽车待补修处材质一致。

(2)试板的面积不宜太小,太小则对颜色的分辨不准确,应该在10cm×15cm以上。

(3)喷涂时不要喷得偏厚,否则银粉漆的颜色会比在车身上正常喷涂时稍深,特别是对于浅颜色的银粉漆,像香槟金、薄荷青等。

(4)应该尝试用不同的喷涂方法喷涂试板,同一种银粉漆,由于不同的因素影响,喷涂后颜色的明度不一样。不同的工况,喷涂出不同的试板如书后插页彩图8所示。

6)喷涂清漆

双工序漆的试板上,银粉底漆需喷满,而清漆只喷二分之一。如此在调配时可以节省时间,且可以累积调色的经验(即可以比较银粉漆在喷涂或者未喷清漆时产生的色差)。

7)烘烤试板

试板自然干燥10min后,放在小型烘箱里烘烤。湿漆和干燥后的油漆颜色差异比较大,如书后插页彩图9所示。

图3-2-24 喷涂试板

8)比色

把烘干的试板拿出烘箱,与待修补的目标板从色调、明度、彩度三方面进行对比。如果比对结果已经能满足颜色要求,则进行实车喷涂;如果比对结果发现颜色有差异,则需要添加色母进行微调。

(1)比色时要注意光线和背景色对比色的影响。通常比色最好在阳光下进行。如果没有阳光,那么必须在配色灯下进行。在比色时要考虑周围环境因素的影响,其他有色物体如墙壁的颜色光线有时会反射到要比较的目标板和试板上,使颜色看起来与其真正的颜色不同,影响比色。所以颜色比较要在不受其他颜色影响的地方进行,调色间的墙壁应涂成白色或灰色,如书后插页彩图10所示。

（2）观察者在颜色视觉方面应没有异常,年纪最好在 20～30 岁,如果超过 40 岁,由于晶状体发生黄变,一般对色差的判别能力变差。观察者不得穿色彩鲜艳的服装,如戴眼镜,必须是无色透明的。

（3）为了准确比色,必须熟知各种标准颜色,平日要经常进行识别练习。观察时先使眼睛适应观察条件,观察中交替观察比较目标板和试板颜色,不要长时间的凝视。观察完鲜艳色后,不能立即接着观察与其补色相近的颜色或较暗淡的颜色。

（4）涂料生产厂的配色数据要求尽量避免出现条件等色,因此,要想调出理想的色彩,一方面需选择与涂料生产厂要求一致的基色,另一方面需使用两种或更多的不同的光源比较,尽量使给出的涂料样品排除条件等色的可能。

（5）比色时,目标板与试板彼此放得尽可能近,它们之间不要留有间隙。观察的距离要根据被观察物体的大小而定,较小的物体一般保持 1m 左右的距离,较大物体一般保持 3～5m 的距离。

（6）观察的角度一般有两个,一个是迎着光线较强的反射光线的直接观察,也叫迎光观察;另一个是光线较弱的反射光线区域以外的间接观察,也叫背光观察,如图 3-2-25 所示。由于银粉漆不同角度观察时颜色差异比较大,所以调色时迎光颜色和背光颜色都要匹配,多角度观察。如果颜色匹配,就可以施工;如果颜色不匹配就要进行微调。分析在实际喷涂时会可能影响颜色的因素和造成的色差,它们的色调、明度、彩度一致,才能说它们的颜色匹配。

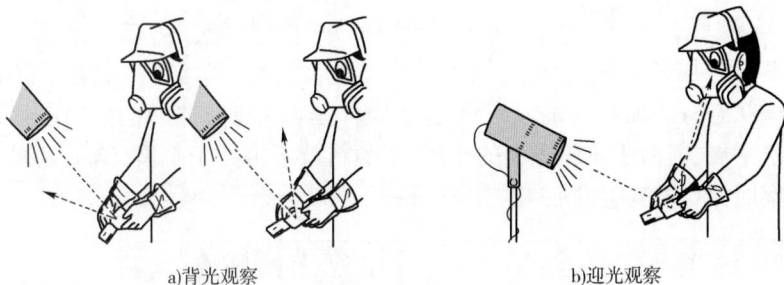

a)背光观察　　　　　　　　　　b)迎光观察

图 3-2-25　不同角度观察

9）鉴别所需要添加的色母

添加并搅拌均匀后的涂料,从色调、明度、彩度三方面与待调配的标准色板进行比对,如果所调颜色与汽车的颜色不一样,则必须鉴定出应添加哪一种色母,继而添加该色母使待配色与目标色接近,这个过程就是"精细配色"或"人工微调"。这是一个比较和添加涂料的循环,此循环不断地重复,直至与目标色一致。

用色母来微调时,尽量参考色母特性表,知道每一种色母在油漆中所起的作用,使用色母特性表来确认颜色的三属性,尽可能使用配方上的色母,以免导致颜色不准。对于银粉漆特别要知道其明亮程度,以确认要加入的色母。鉴别出所缺色母后,称量添加所缺色母的量。微调时,每加一次色母都要在秤上称量,记录质量,搅拌,再次喷涂试板,进行比色,这也是一个循环过程,直到颜色正确。因为银粉漆呈色原理的特殊性,所以银粉漆的微调主要是调整闪光和银粉的颗粒粗细,其中可以从三个不同的方面来调整。

（1）明度。

可以通过以下四个方面来调整。

①用添加剂(也叫控色剂)来调整。其中,使用添加剂调整时,一般有两种添加剂。添加剂A,使铝粉的反射在直接观察时大而且暗;添加剂B,使铝粉的反射在间接观察时亮。

添加剂A的加法:将大量的像清漆的物质加入涂料中,使铝粉网增大,扩大铝颜料之间的间隙,减少反射光的数量,使涂层变暗,如图3-2-26所示。

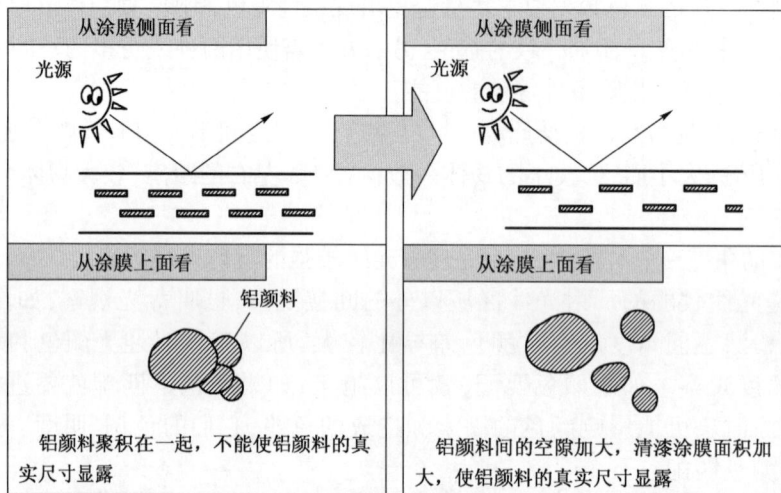

从涂膜侧面看　　光源

从涂膜上面看　　铝颜料

铝颜料聚积在一起,不能使铝颜料的真实尺寸显露

从涂膜侧面看　　光源

从涂膜上面看

铝颜料间的空隙加大,清漆涂膜面积加大,使铝颜料的真实尺寸显露

图3-2-26　添加剂A加后涂层的颜色变化

添加剂B的作用是将体质颜料(用于稀释油漆颜色的透明颜料)混合于涂料中,防止铝颜料处于平展状态。添加剂B加入涂料之后,整体呈现类似于张开的伞的形状,虽然铝颜料在水平时趋于平展,但由于体质颜料的作用,铝颜料就不再处于平展,结果光线从间隙反射,使得间接观察时涂层发亮,如图3-2-27所示。

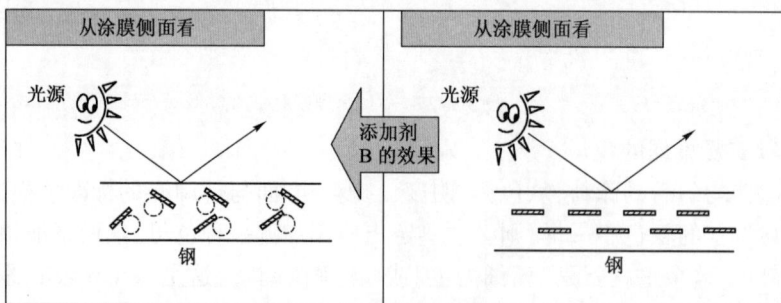

从涂膜侧面看　　光源　　添加剂B的效果　　从涂膜侧面看　　光源

钢　　钢

图3-2-27　添加剂B加后涂层的颜色变化

②改变银粉颗粒的大小来调整。迎光太亮、背光太暗时可用细的银粉取代较粗的银粉;迎光太暗、背光太亮时可以粗的银粉取代较细的银粉。细银粉的背光亮度低,不够亮;中银粉通常是单独使用,或与其他银粉配合;粗银粉对背光色调的影响较大。

③利用添加银粉量来调整。迎光和背光两个角度都太暗时需加入银粉;迎光和背光两个角度都太亮时需等比例加入其他色母。

④利用基色的特性来调整。与有机颜料相比,无机颜料有许多的基色可以改善间接观察时的效果。加入这些基色,可以调整闪光,如图 3-2-28 所示。

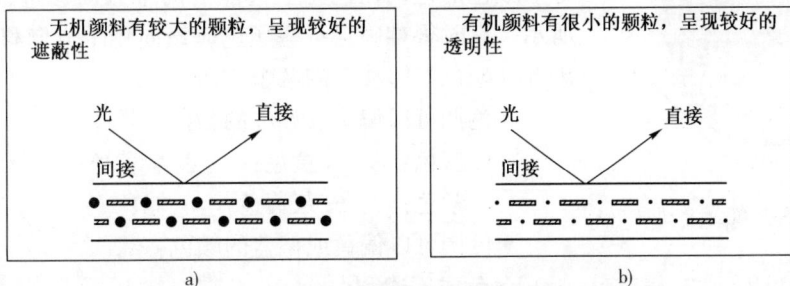

图 3-2-28　无机颜料和有机颜料加入后的闪光程度

直接观察时,由于铝颜料强烈的光亮,这两种类型颜料的存在都挡不住铝颜料发出的闪光。可是间接观察时,由于无机颜料有较好的掩盖效果,铝颜料的光亮则不见了。显示无机颜料的色调,为此如果加入白基色,间接观察时涂膜会显露白颜色。

(2)色调。

如果加对比色色母来减低此色母效果的话,则颜色会逐渐变浑浊,同时彩度降低,而只能从主色旁边的颜色区域中选色母:较亮时接近白色中心选择;较暗时在色环边缘选择。

(3)彩度。

颜色太清澈要变浊一点时可加入黑色色母;颜色太浊要变清澈一点时可用较亮的银粉色母取代较暗的银粉色母。

例:用字母 P 代表需要微调的油漆颜色,用字母 C 代表车身(现在的目标)颜色,C 点的位置代表了调色的方向,如书后插页彩图 11 所示。其中所用油漆配方如表 3-2-12 所示。

油　漆　配　方　　　　　　　　　　　　　　表 3-2-12

色　母　代　码	累积质量(g)	每种色母的用量(份)
D770(中银)	200	200
D754(绿相蓝)	250	250 - 200 = 50
D741(蓝,偏红)	300	300 - 250 = 50
D740(黑,黄相)	1025	1025 - 300 = 725

解:具体色母特性见附录 1 和附录 2。

微调:根据选择要调整的属性——色调、明度或彩度选择开始的调整方向。至于先调整哪一个属性,并没有严格的规定。可以从色调开始,也可以从明度开始。有时,最好是从差别最大的属性开始调整。

以下我们按照书后插页彩图 12 所示调色方向进行微调。

由 P 至 C 画一箭头,代表正确的调色方向。调色路线图:H1 = 第一次,调整色调,H2 = 第二次,调整明度,H3 = 第三次,调整彩度。

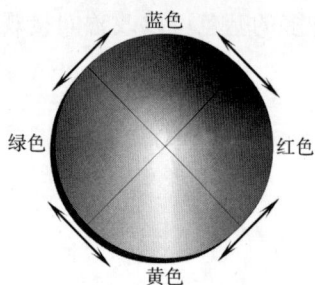

图3-2-29 各种颜色能移动的方向

H1 调整色调——如何选择适当的色母？色调可以沿着色轮向左右两侧移动，表示油漆的颜色，例如蓝色、红色、黄色等。颜色的色调在色轮上只能沿两个方向移进，如图3-2-29所示。有时很难确定某些颜色应该向哪个方向移动。以下列出各种颜色能够移动的两个方向。

● 色调可以偏绿或偏红的颜色：

1. 蓝色；　　2. 黄色；　　3. 金黄色；

4. 紫色；　　5. 灰黄色；　　6. 棕色。

● 色调可以偏黄或偏蓝的颜色：

1. 绿色；　　2. 褐红色；　　3. 白色或不饱和白；

4. 黑色；　　5. 灰色；　　6. 红色。

● 色调可以偏黄或偏红的颜色：

1. 青铜色；　　2. 红色；　　3. 橘黄色。

● 色调可以偏蓝或偏绿的颜色：

1. 青色；　　2. 甸子蓝。

黑色和白色一般说来可以偏向蓝色或黄色的方向。但由于黑和白实际上分别处于三维颜色空间的底端和顶端，因此，它们可以偏向任何方向。纯黑色和纯白色被看作是无色调、无彩度而只有明度的颜色。

BRYG 系统——次要颜色：

主要颜色		主要颜色		次要颜色
蓝色	+	红色	=	紫色
红色	+	黄色	=	橙色
黄色	+	绿色	=	黄绿色
绿色	+	蓝色	=	青色

①H1 调整色调——如何选择适当的色母，使颜色由 P 到 C？添加带红色调的蓝色母将色调移向红色。

对色调进行调整。圆上的 P 表明油漆的颜色是蓝色，而 C 则代表要匹配的车身颜色偏红的蓝色。这种颜色的配方中并没有红色色母，只是有两种蓝色色母——D741 和 D754。从色母卡上可以看出：D741 是一种带红色调的蓝色，而 D754 是一种带绿色调的蓝色。在这种情况下，使用 D741，带红色调的蓝色，将是正确的选择。如果在配方中确实存在红色，要特别注意添加的量不要过多，避免出现过量的红色调，反而使调色不得不重新开始。

②H2 调整明度——如何选择适宜的色母。对明度进行调整，车身颜色（C）比油漆颜色（P）的色品要亮。不同的面漆所采用的方法不同。

a. 银粉漆：尺寸较粗大、较明亮的银粉（或者是特制的细闪银，如 D952）加入会提高明度值。

b. 素色漆：假如配方中存在白色色母，加入白色将会提高明度值；否则，添加配方中最淡的色母来提高明度值。

该颜色配方中有两种银粉色母，所有银粉均是较浅的灰色调，在中间值 5 以上，如图

3-2-30所示。相对于从垂直角度正面观察颜色,颜色的侧视色调是指从侧面角度观察时所看到的颜色。由于银粉在漆膜中的取向不同,侧视色调有时与正面色调不同,如图3-2-31所示。最常见的差别是,侧视色调比正面颜色暗,这时就要"将侧视色调变亮些"。

③H3调整彩度——如何选择适宜的色母?

彩度——颜色的纯净度、强度、饱和度。从中心向色轮外侧变化即径向变化,如图3-2-32所示。再按书后插页彩图12中,对彩度进行调整:车身颜色(C)比油漆颜色(P)更浓或色彩饱和度更高。加入主色调的色母可以增强彩度。如果是绿色银粉漆,那么,添加绿色调的色母剂则会增强色度,而添加黑色、白色或银粉将会搅浑或冲淡颜色(饱和度减弱)。

这样微调结束。对于个别银粉漆,微调难度较大,建议使用驳口工序,以免浪费时间。

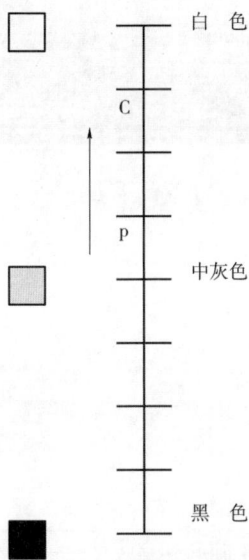

图3-2-31 从正面和侧面观察颜色

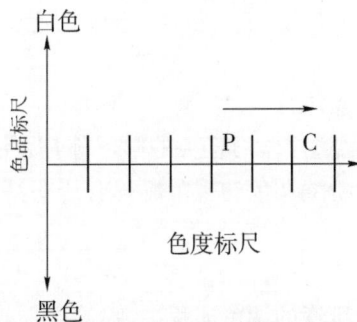

图3-2-30 侧视色调中银粉的取向

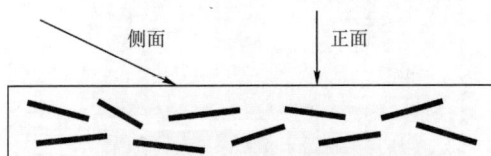

图3-2-32 彩度调整

10)保留最后喷涂的试板

把当前的试板和以前的试板进行比较,如果颜色一致或通过过渡可以解决,把试板放入试板箱内收集保留。在试板前端写上颜色编号,在试板的后面加入所有的颜色信息,注明初始配方和调整后配方,每百克添加的色母量(包括配方制作日期)。这些试板可以组成你自己的色卡,建立颜色资料库并进行归档,如图3-2-33所示;另外,对于一些像保险杠、车轮盖及饰条等特殊颜色,可以建立特殊色专辑,如图3-2-34所示,这样为将来的工作节省宝贵的时间。

11)准备喷涂

颜色调好之后,立即准备喷涂汽车。

12)调色完成

调色完毕,打扫调色房间,5S 管理。

(1)清洗喷枪。

(2)工作场所要保持干净,所有工具保持清洁,摆放有序。

(3)垃圾分类丢弃。

(4)避免使用稀释剂洗手,应使用专用的清洁剂。

图 3-2-33　记录试板档案

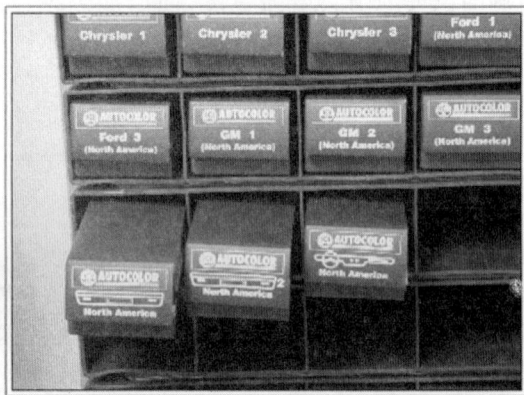

图 3-2-34　特殊色专辑

三、评价反馈

1.自我评价

(1)通过本学习任务的学习你是否已经掌握以下问题:

①银粉漆调色的规范流程有哪些?

②银粉漆的调色流程中,喷涂条件改变对银粉漆颜色有哪些影响?

(2)任务实施记录:

①在银粉漆的调色施工过程中用到设备及工具有:_____

②电子秤正确操作时的注意事项:_____

③调漆机使用注意事项:_____

④劳动保护用品有：_____

_____

⑤在调色过程中出现的色差从三个不同方面描述：_____

_____

⑥鉴别添加色母后微调的试板标记的内容：_____

_____

⑦改变喷涂条件改变颜色试板标记的内容：_____

_____

（3）是否主动清洗喷涂试板的喷枪？

评价：_____

_____

（4）是否主动参与工作现场的清洁和整理工作？

评价：_____

_____

（5）工作着装是否规范？

评价：_____

_____

（6）在完成本学习任务的过程中，你是否主动和其他同学探讨色差的有关问题？具体问题是什么？结果是什么？

评价：_____

_____

（7）通过本学习任务的实训，你认为哪些方面还有待进一步改善？

评价：_____

_____

签名：_____ ____年____月____日

2. 小组评价

小组评价见表3-2-13。

小 组 评 价 　　　　　　　　　　　　　　　表 3-2-13

序号	评 价 项 目	评 价 情 况
1	是否迟到	
2	保护用品是否符合要求	
3	是否合理规范地使用仪器和设备	
4	是否按照安全和规范的规程操作	
5	是否遵守学习、实训场地的规章制度	
6	是否积极主动地提出问题、探讨问题	
7	是否能保持学习、实训场地整洁	
8	组员之间是否有团结协作精神	
9	组长的管理能力如何	

参与评价的同学签名：＿＿＿＿＿＿＿＿＿　　　＿＿＿年＿＿＿月＿＿＿日

3. 教师评价

＿＿＿＿＿＿＿＿＿＿＿＿＿＿＿＿＿＿＿＿＿＿＿＿＿＿＿＿＿＿＿＿＿＿＿＿

＿＿＿＿＿＿＿＿＿＿＿＿＿＿＿＿＿＿＿＿＿＿＿＿＿＿＿＿＿＿＿＿＿＿＿＿

　　　　　　　　　　教师签名：＿＿＿＿＿＿　　　＿＿＿年＿＿＿月＿＿＿日

学习任务3　珍珠漆的调色

学习目标

1. 叙述珍珠漆的呈色原理；
2. 叙述珍珠漆调色的基本流程；
3. 根据规范流程正确完成珍珠漆的调色；
4. 分析珍珠漆的色差，能进行微调；
5. 懂得工作现场的安全防护要领并具有管理意识；
6. 对自己的学习和工作效果做出客观的自我评价。

任务描述

　　王先生驾驶的汽车为丰田普兰多4500，在一次交通事故中，前车门碰撞损坏，经保险公司理赔员定损后，开到涂装车间进行修补涂装。请你调配与原车门相同颜色的珍珠漆，安全、环保地完成此项任务。

学习引导

　　本学习任务沿着以下脉络进行学习：

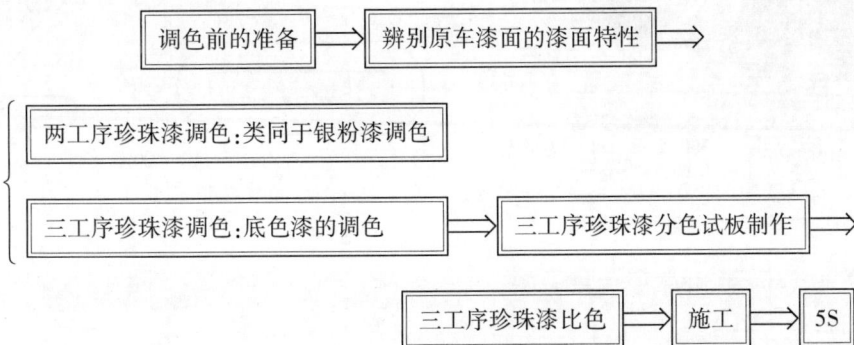

　　调色前的准备　→　辨别原车漆面的漆面特性　→

　　两工序珍珠漆调色：类同于银粉漆调色

　　三工序珍珠漆调色：底色漆的调色　→　三工序珍珠漆分色试板制作　→

　　三工序珍珠漆比色　→　施工　→　5S

一、相 关 知 识

1. 珍珠漆的由来

人类常炫惑于大自然中色彩缤纷的现象,如贝壳、鸟羽及珍珠等。这些柔和闪烁的色彩是由多个薄层造成的,层层相叠将光线以不同的、多变的方式反射或吸收。根据天然珍珠的呈色原理,在片状的云母片上加上不同厚度的钛白粉或氧化铁等无机氧化物,然后做成细薄片,加入油漆中,这样,当光线照射在这些人造珍珠片上时,也可以产生类似珍珠呈现的彩虹效果,从而使油漆表面的颜色正侧面不同,产生变化的效果,这就是所谓的珍珠漆。1980年,德国涂装专家苏塔努希首次使用云母珠光颜料制成了一种具有全新色彩艺术风格的珍珠汽车漆,并成功用于美国福特汽车公司的轿车生产线。珍珠汽车漆具有很高的镜面光泽,珠光细洁柔和,装饰性极佳,同时又具有随视角变化而变化的闪光效应,从而奠定了它在现代轿车、摩托车表面装饰性涂装中的地位。目前,美、欧、日三大汽车产地的各大汽车公司,几乎所有高档豪华轿车均采用珍珠漆涂装。

2. 珍珠漆的构造及颜色产生的原理

珍珠颜料的构造及颜色产生的原理如图3-3-1所示。我们常说的珍珠色母大多数由云母粉表面镀上一层二氧化钛加工而成。通过控制二氧化钛层的厚薄,就得到了我们所见的一系列不同颜色的珍珠色母粉,例如像白珍珠、黄珍珠、红珍珠、绿珍珠和蓝珍珠等。还有一种比较新的银色云母则不是用氧化铁镀层,而改用了镀银,这样能提供立体效果强烈的金属银色的光泽。

3. 钛膜云母颜料

珍珠漆里的闪光颜料主要是钛膜云母颜料,这些颜料是在透明的云母外表面涂上二氧化钛。与铝颜料不同,钛膜云母颜料具有光特性,使一部分光量从颜料表面反射,并使余下的光透过,如图3-3-2所示。钛膜云母颜料可分成四种类型,即白云母、干涉云母、着色云母和银云母,每种有不同的颜色,如表3-3-1所示。

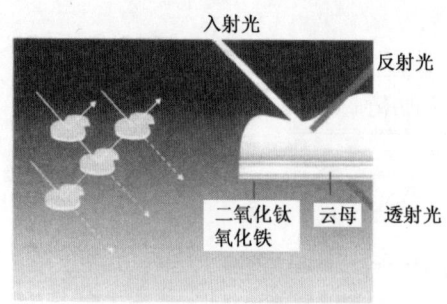

图3-3-1 珍珠颜料的构造及呈色原理

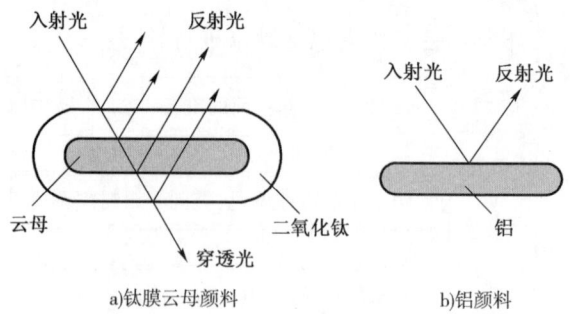

a)钛膜云母颜料   b)铝颜料

图3-3-2 钛膜云母颜料及铝颜料

1)白云母

白云母结构如图3-3-3所示,是在透明云母外表面涂厚度为 $0.10 \sim 0.15 \mu m$ 的二氧化钛,反射光为珍珠似的银色。因为实际上它反射所有波长的光,透过的光不显示任何特殊单色。

钛膜云母颜料特性　　　　　　表 3-3-1

钛膜云母颜料类型		二氧化钛(μm)	反射光	穿透光
	白云母	0.1～0.5	珠光银	—
	干涉云母	约 0.21	黄	蓝
		约 0.25	红	绿
		约 0.31	绿	红
		约 0.36	绿	红
	着色云母	0～0.1	红	红
	银云母	约 0.10	金属银光泽	—

2) 干涉云母

干涉云母的二氧化钛涂层要比白云母的厚,干涉云母根据涂层的厚度改变反射光和透过光(图 3-3-4)。例如,如果二氧化钛涂层厚度为 0.21μm,只反射特殊波长的光,允许剩余部分透过。反射光发黄,而透过光发蓝,因此,观看角度不同,显示不同颜色。

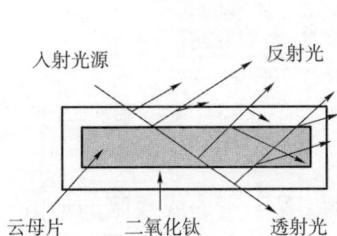

图 3-3-3　白云母珍珠结构示意图

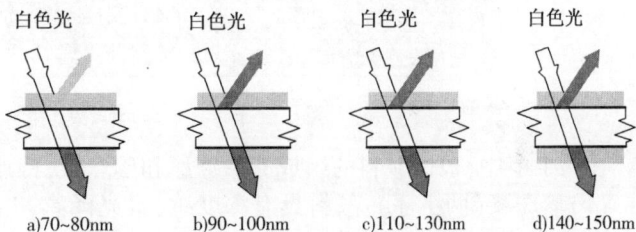

图 3-3-4　干涉云母珍珠结构

3) 着色云母

着色云母是在透明云母表面涂上二氧化钛和氧化铁(图 3-3-5)。因此,反射光变成氧化铁的颜色——红色。在过去使用的稍红的金属漆中,普通颜料的红色被白色的铝颜料反射光所抵消;与铝颜料不同,着色云母颜料增加颜料的红色鲜映性,形成了有深度和透明度的美丽红色金属漆。

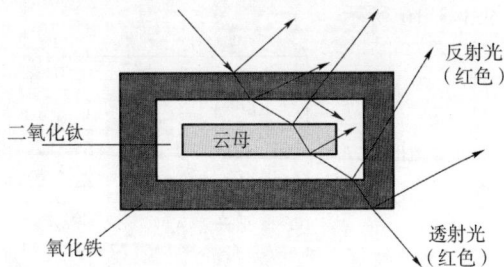

图 3-3-5　着色云母珍珠结构

4) 银云母

银云母是在透明的云母外涂上二氧化钛,在二氧化钛外镀上银粉,如图 3-3-6 所示。其效果特征是能提供立体感的金属银色光泽。

5) 水晶珍珠

随着科技的发展,高科技的水晶珍珠也在汽车漆中大量使用,图 3-3-7 所示为水晶珍珠的结构。与传统珍珠比较最大的区别是水晶珍珠使用了高纯度的氧化铝金属取代云母作底材,外层镀以不同厚度的金属氧化物如 TiO_2 等,其效果特征是在强光下闪烁度正侧面都强(具体特性见附录)。

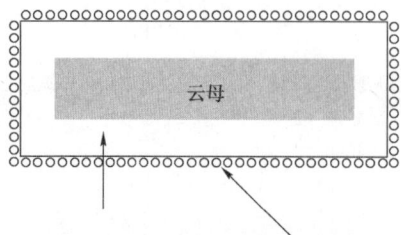

金属氧化物
(如TiO_2)

高纯度合成的氧化铝

图 3-3-6 银云母珍珠结构示意图

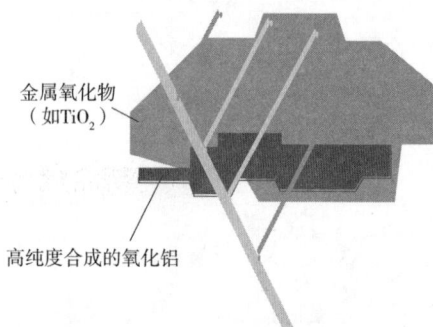

图 3-3-7 水晶珍珠结构

4. 根据施工方式对珍珠漆分类

1)两工序珍珠漆

在汽车生产的面漆涂装线上,通常是先喷涂色漆或金属漆,然后再喷涂罩光清漆,两种涂层结合在一起才能形成有质量保证的完整的面漆层,所以被称为两工序,如图3-3-8所示。

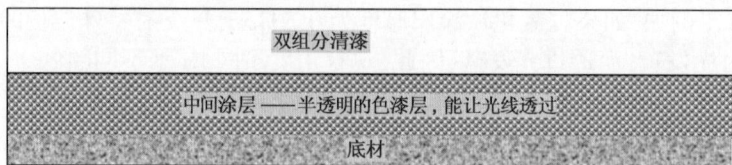

双组分清漆

中间涂层——半透明的色漆层,能让光线透过

底材

图 3-3-8 两工序珍珠漆

在两工序中,根据颜料的组成有珍珠漆和珍珠银,特点如下:

(1)珍珠漆(两工序):颜料具有深度感,具光泽感和通透性,置于室内或较暗的地方有素色漆感觉,如图 3-3-9 所示。

(2)珍珠银(两工序):铝片置于暗处具有银粉效果,而云母片置于强光更具闪烁感,如图 3-3-10 所示。

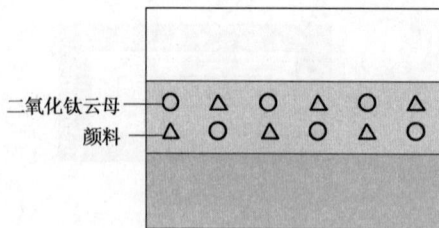

二氧化钛云母
颜料

图 3-3-9 珍珠漆

二氧化钛云母
颜料
铝片

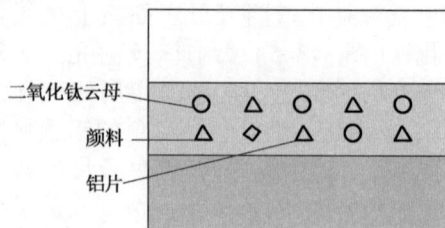

图 3-3-10 珍珠银

2)三工序珍珠漆

在汽车生产的面漆涂装线上,这类漆面的涂装工序是先喷涂底色漆,接着喷涂珍珠色漆,最后再喷涂清漆,所以被称为三工序,如图3-3-11所示。其中底色漆可以是素色漆,也可以是银粉漆。

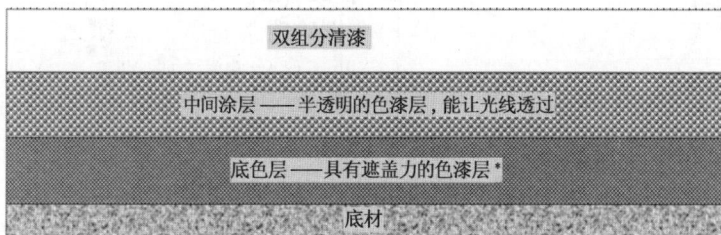

```
双组分清漆

中间涂层——半透明的色漆层，能让光线透过

底色层——具有遮盖力的色漆层*

底材
```

图 3-3-11　三工序珍珠漆

在三工序珍珠漆中，通常利用低遮盖力的珍珠色漆（云母）覆盖在其底色漆上，一方面能提高底色的反光性，另一方面可以使正侧面色调反差强烈，给人造成深刻的印象。其中底色一般选择浅亮的色漆，纯色为主，也有少部分银粉漆；珍珠漆多数直接使用不添加其他颜色的纯色漆色母。彩虹珍珠特点为：通过反射底色的颜色，使漆面更具艳丽的彩虹效果。

5. 珍珠漆特点

三工序珍珠漆的特点：直射日光或类似光源下，显著的正侧面颜色差别表现非常明显，正面颜色干净、鲜艳，侧面暗淡。由于涂膜厚度的不同或干、湿喷的涂装方式的不同，颜色变化很大。

（1）使用珍珠色母能使颜色的饱和度更高，显得更纯更鲜艳。

（2）珍珠色母的颗粒更细，且同色珍珠中也有粗细之分。所以，有时在配方中仅使用很少量的闪银也能近似模仿出珍珠的正面效果。

（3）如珍珠色母在配方中的数量较多，侧视色调就较浅，且无法调暗。

（4）在湿漆状态下，珍珠色母在颜色方面表现得比较突出，实际喷涂后则没有这么明显。特别在使用黄、绿珍珠等。

（5）可以在阳光直射下检查珍珠的颗粒闪亮和颜色反射程度。

6. 影响珍珠漆颜色的因素

（1）底材对三层珍珠颜色的影响（以黄珍珠为例）如书后插页彩图 13 所示。亮黄色黑色底材时，只有被漆层反射的光线才可被看见，折射透过涂层的光被吸收；亮黄色白色底材时，取决于漆层反射和底材反射共同作用的颜色。

（2）喷涂道数及底色不同对三层珍珠颜色的影响，如书后插页彩图 14 所示。颜色的总体效果由底色漆和中间层的颜色决定，应该尽可能地将底色漆调配到非常接近，不要试图同时调配出底色漆和中间层色漆，尽量保留露出一部分底色，以方便后面的调色。颜色的强度取决于底色层；颜色的纯净度取决于中间层。用银粉做底色漆时，通常使用较粗较闪的银粉，因为中间层色漆常常会"弱化"这些银粉的效果，使银粉颗粒显得较细。在为车身上喷涂前必须先喷试板，以确保底色漆的颜色准确，控制中间层色漆的喷涂次数，获得最为接近的颜色，达到汽车漆面的无痕修补。

二、任务实施

1. 珍珠漆调色施工程序

在任务实施过程中，首先要正确掌握珍珠漆的施工程序。珍珠漆的调色流程如图 3-3-12所示。

调漆前的准备

↓

辨别原车漆面的漆面特性

两工序珍珠漆　　　　三工序珍珠漆

同银粉漆的调色方法　　获得颜色代码

↓

查询配方

底色漆配方　　　　　珍珠漆配方

↓　　　　　　　　　↓

称量　　　　　　　　称量

↓　　　　　　　　　↓

搅拌　　　　　　　　搅拌

↓

喷涂底色试板

↓

烘烤

↓

分层遮蔽，准备贴护

↓

喷涂1~4层珍珠漆

↓

闪干，喷涂清漆

↓

比色

↓

找出最为接近的珍珠漆层数

↓

施工

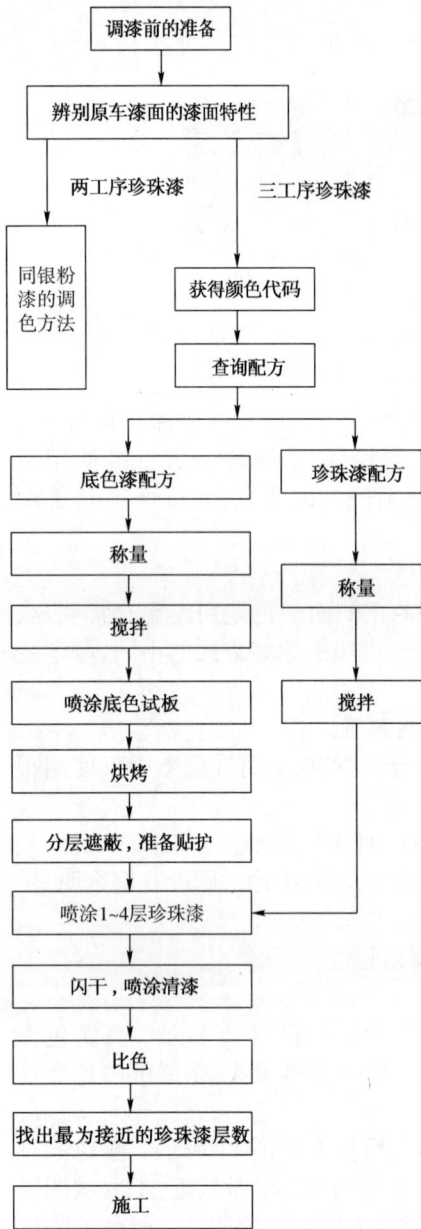

图3-3-12　珍珠漆的调色流程图

2.调色实施过程

1）鉴别珍珠漆

（1）两工序珍珠漆的鉴别。

待修补部位置于室内或较暗的地方有素色漆感觉，颜料具有深度感，具通透性和闪烁性，为两工序珍珠漆。或者铝片置于暗处具有银粉漆产生效果，而置于强光下云母片更具闪烁感的为两工序珍珠银。两工序珍珠漆调色施工程序同于两工序银粉漆施工程序。调色方法类同于银粉漆的调色。

（2）三工序珍珠漆的鉴别。

在直射日光或类似光源下，显著的正侧面颜色差别表现非常明显，正面通过反射底色的颜色，使漆面更具艳丽的彩虹效果，颜色干净、鲜艳，侧面暗淡，为三工序珍珠漆。

2）油漆调色前的准备

（1）安全防护。我们每次进入调漆间前都要穿戴好防护用具，以确保我们的身体不受有机溶剂侵蚀伤害，参见图3-1-2。

如果在调色过程中：

①眼睛沾染油漆，将眼睑分开，用干净的水至少冲洗15min，然后立即就医。

②皮肤不慎接触油漆，应脱掉污染的衣服，用肥皂水或其他皮肤清洗剂彻底清洗皮肤，不要使用溶剂或稀释剂。

（2）打开供排风系统，保证调漆间在调色过程中空气流通，在调色完毕10min以后才能关闭供排风系统，以便充分排出有机溶剂。如果作业者吸入过量油漆蒸气，出现呼吸不规则，应将作业者移至有新鲜空气的环境中身体放松；若作业者失去知觉，应立即将其送往医院抢救。

（3）打开调漆机，让调漆机运转15min，确保色母搅拌均匀。

3）三工序珍珠漆调色施工

在汽车修理的工作中，按照流程图进行珍珠面漆修补操作。影响三工序珍珠色的最主要因素是：底色漆和珍珠色层膜厚。底色调配比较麻烦，因为它已经被珍珠色层所掩盖而不能表现出原来的色调。当调配出底色后，接下来就是制作试板了。虽然在调配两工序的金属漆时也要制作试板，但在这里的制作方法有点不同，这里要求采用"分层喷涂试验"的方法制作试板。

（1）底色层调色。

①获得颜色代码。首先选择正确的底色漆颜色。在车身某个或几个特定部位（即色号牌上）找到原厂色号。如果在车身上无法找到原厂色号：一是在车身上找到喷有底色漆的部

分,寻找车身的内表面,如行李舱内侧、油箱盖背面,发动机罩内侧等,这些部位往往还保留着原始的底色;二是打磨需要修补位置的面漆至露出底色层作比色用,这种暴露的颜色与实车会有轻微差别。如果找不到原厂色号,可以利用油漆公司提供的各种色卡,从色调、明度、彩度三个方面进行比对,挑选出相对接近的颜色,然后根据色卡查出对应的颜色代码,即可得到相对接近的配方。在日常工作中,我们通常所使用的配色标准板(油箱盖、车身部位)车身表面往往有许多污染物,可能会影响颜色的比对效果。因此,在配色前应该用细蜡进行清洁处理,以免造成将来车身上的颜色差异。

②根据色号在计算机油漆颜色管理系统中找出底色漆和珍珠漆颜色配方。

③根据配方精确称量底色漆色母和珍珠漆色母。

④按照比例添加稀释剂和固化剂配制底色漆和珍珠漆涂料,并搅拌均匀。

⑤过滤底色漆涂料,并加入到准备好的喷枪中,进行试喷。

⑥烘烤喷涂的试板,比对底色漆颜色。由于三工序珍珠漆的颜色来源于底色和珍珠层的总和,一般底色决定侧面颜色,珍珠决定正面颜色。当喷涂好底色层,对比车身,从侧面观看颜色。

⑦如果颜色有色差,则进行微调,尽量使颜色一致。如果接近,就可以制作珍珠层的分色试板。

(2)珍珠层调色。

珍珠层的颜色主要根据车身正面颜色和珍珠颗粒分布决定,喷涂珍珠层的道数不同,颜色也会不同,因此对于所有三工序珍珠色的调配来说,制作分层试板以供对色是非常必要的步骤,具体步骤如下:

①施涂底色漆层。

②等到底色漆彻底干燥后,再进行分层遮蔽,四部分贴护准备如图 3-3-13 所示。

(3)喷涂试板的珍珠层。

①喷涂珍珠色漆前必须充分搅拌,因为珍珠色母颜料密度大,容易沉淀。

②喷涂试板的涂装条件需与喷涂车辆工件相同,不同的喷漆技术会产生不同的颜色。

③珍珠漆应喷涂正确层数,珍珠的层数会直接影响喷涂后的颜色效果;一般而言,若珍珠层喷涂得较薄,底色的色调就容易在正、侧面透出来;若珍珠层喷涂得较厚,正面的珍珠粉颗粒明显,侧视反而会逐渐变暗。

④每喷涂一道珍珠色漆,撕去一层遮蔽纸,制作过程如图 3-3-14 所示。这样,试板的四部分珍珠层分别为四层、三层、二层、一层。

⑤珍珠层干燥后,在整个试板上喷涂双组分清漆,然后烘干或用红外灯固化。

珍珠色漆分色试板效果如书后插页彩图 15 所示。

(4)待清漆干燥后,与经过清洁修补区邻近的原车色作比较,看喷涂几层珍珠色漆颜色最为接近待修补区;保留最后喷涂的试板,把当前的试板和以前的试板进行比较。

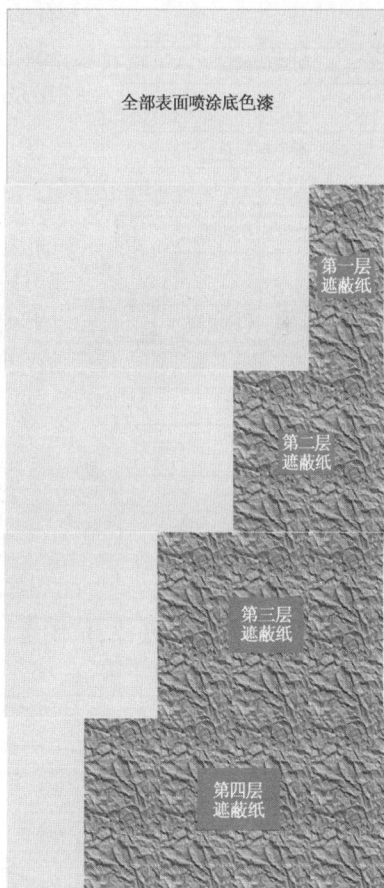

全部表面喷涂底色漆

第一层遮蔽纸

第二层遮蔽纸

第三层遮蔽纸

第四层遮蔽纸

图 3-3-13 贴护准备

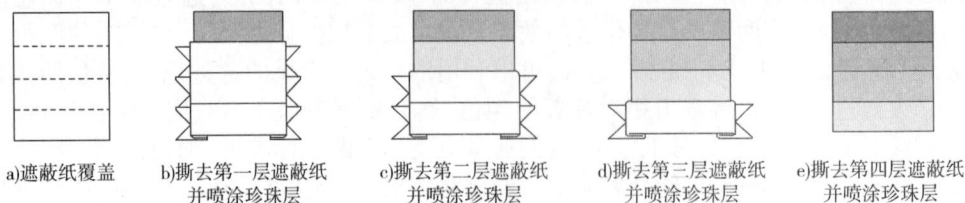

a)遮蔽纸覆盖　b)撕去第一层遮蔽纸　c)撕去第二层遮蔽纸　d)撕去第三层遮蔽纸　e)撕去第四层遮蔽纸
　　　　　　　并喷涂珍珠层　　　　并喷涂珍珠层　　　　并喷涂珍珠层　　　　并喷涂珍珠层

图 3-3-14　撕去遮蔽纸,喷涂试板

如果分色试板 1~4 层珍珠的颜色均有差异,需要重新从底色层开始调色,再制作分色试板,直到找到最为接近的试板为止。

(5)选取试板上与车身颜色最接近的部分,实际修补时的珍珠层色漆应使用与该部分相同的喷涂层数。

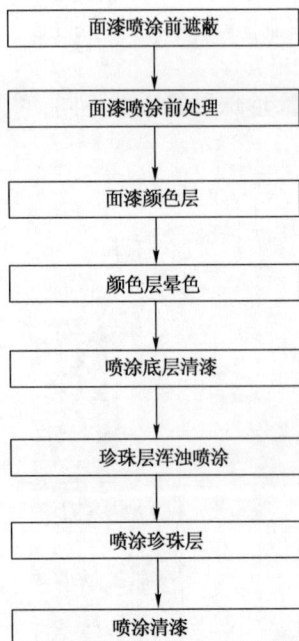

图 3-3-15　晕色修补工艺流程图

(6)按照试板的制作方法,在车身上喷涂相同层数的面漆。

(7)保留最后喷涂的试板,把当前的试板和以前的试板进行比较,如果颜色一致或通过过渡可以解决,把试板放入试板箱内收集保留。在试板前端写上颜色编号,在试板的后面加入所有的颜色信息:注明初始配方和调整后配方,每百克添加的色母量(包括配方制作日期)。这些试板可以组成你自己的色谱卡,建立颜色资料库并进行归档,为将来的工作省宝贵的时间。

(8)调色完毕,打扫调色房间,5S 管理。

因为三工序珍珠色是颜色层和珍珠层的合成颜色,通常颜色大多取决于颜色层。如果四层珍珠色和车身颜色还是不符,请继续微调颜色层或者采用正确的修补工艺,不要试图通过增加珍珠层来达到颜色一致,这会导致清漆附着力不良。继续微调颜色层同于我们的素色漆的调色。珍珠漆与着色清漆微调难度较大,建议采用晕色技术修补工艺,以免浪费时间。

3.晕色修补工艺流程

晕色修补工艺流程如图 3-3-15 所示。

操作步骤如下:

(1)面漆喷涂前遮蔽。与其他颜色车辆相同。

(2)面漆喷涂前处理。与其他颜色车辆相同。

(3)喷涂颜色层。颜色层即将要晕色部位(图 3-3-16)必须达到完全遮盖中涂底漆,范围逐层扩大如图 3-3-17 所示,每一层颜色层喷涂之前须确保上一层已充分干燥,避免干喷。

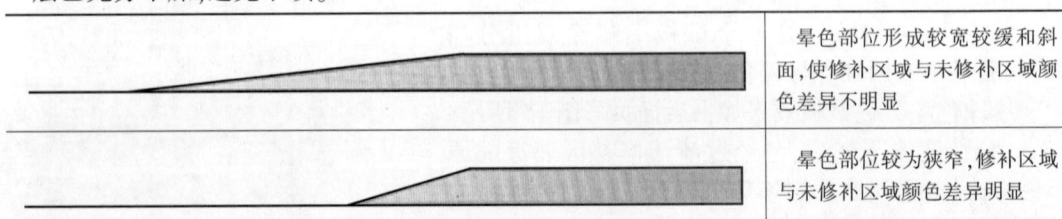

晕色部位形成较宽较缓和斜面,使修补区域与未修补区域颜色差异不明显

晕色部位较为狭窄,修补区域与未修补区域颜色差异明显

图 3-3-16　晕色部位

图 3-3-17　喷涂颜色层

　　继续喷涂第二层颜色层以遮盖中涂底漆,面积需比第一层颜色层进一步扩大延伸,其中颜色层必须达到完全遮盖,如图 3-3-18 所示。

　　(4)颜色层晕色。喷涂最后一层颜色层时可添加 50% 接口稀释剂,由颜色层部位延伸喷涂,以达到一个平滑的晕色区域,如图 3-3-19 所示。

图 3-3-18　完全遮盖颜色层

图 3-3-19　晕色区域

　　(5)喷涂底层清漆。将底层清漆在修补范围薄喷 1～2 次。底层清漆:(清漆 + 固化剂):稀释剂 = 1:1,目的是防止晕色部位受漆尘影响及静电导致珍珠不均匀。

　　底层清漆法注意事项:珍珠层部位如果喷涂过量的底层清漆时,因稀释剂含量较大,清漆浓度较小,底层清漆涂膜中的溶剂不易渗透进入晕色部位,而会渗入颜色层部位,导致晕色部位珍珠云母颜料排列变成湿涂膜。珍珠云母颜料排列较直立,且反射从侧面较明显,晕色侧视方向看起来较白(3-3-20)。在整个晕色区域喷涂薄层底层清漆如图 3-3-21 所示,底层清漆在修补范围薄喷 1～2 次。

　　(6)珍珠层浑浊喷涂。在珍珠层涂料中加入少量的颜色层涂料,在颜色层与珍珠层之间喷涂中间颜色层,使晕色部位模糊不清,如图 3-3-22 所示。

　　①珍珠层浑浊第一次。珍珠层(已稀释):颜色层(已稀释) = 90%:10%。

　　②珍珠层浑浊第二次。珍珠层(已稀释):颜色层(已稀释) = 99%:1%。

> **🔔 注意**
>
> 　　喷涂浑浊的珍珠层可能会改变颜色,施涂期间若发现任何的颜色改变时,须减少颜色层涂料的比例。

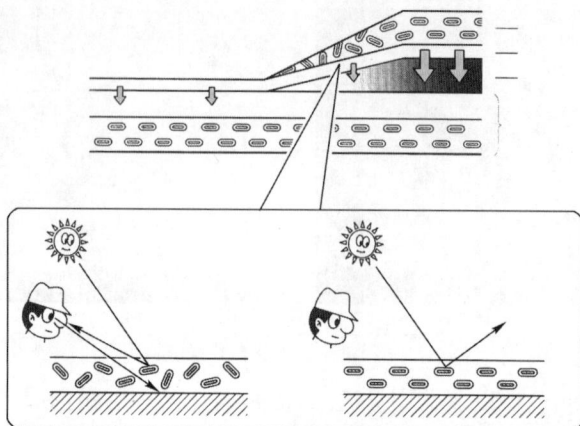

图 3-3-20　底层清漆喷涂

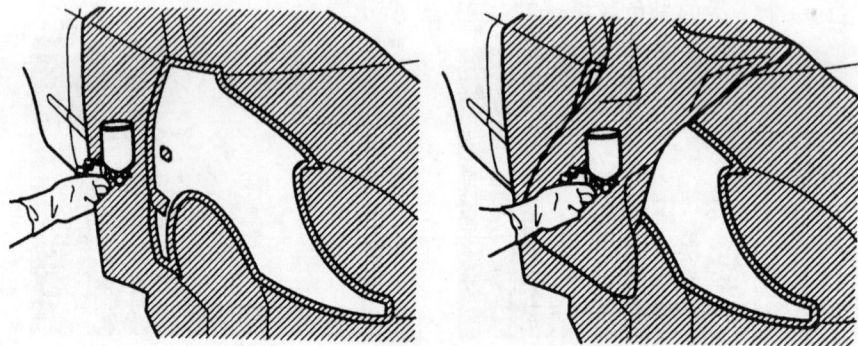

图 3-3-21　晕色部位薄喷清漆

图 3-3-22　珍珠层浑浊喷涂

（7）喷涂珍珠层。确保浑浊珍珠层充分干燥，若浑浊珍珠层未充分干燥，则浑浊珍珠层可能会与珍珠层混合，造成颜色变化。根据第一步骤喷涂制作分色试板时确定的需喷涂珍珠层数来喷涂。每一层珍珠层需作进一步延伸以使颜色得到充分过渡，消除颜色差异，喷涂珍珠层时气压不可过高。

珍珠层的喷涂范围：

第一次：喷涂至 A 部位颜色层区域；

第二次：喷涂至 A 和 B 部位的中间；

第三次：喷涂至 B 部位颜色层晕色区域为止；

第四次：喷涂至比 C 部位浑浊的珍珠层稍大一点的区域。

涂膜必须按图 3-3-23 所示越来越薄。

注意

喷涂工件时珍珠层需与试色板喷涂同样多层,随时以调色时所喷涂的试板与工件比对颜色,核对喷涂次数。必要时弧形操作喷枪,在过渡区域进一步延伸喷涂珍珠层;最后一道珍珠层可添加驳口稀释剂处理过渡区域,如图3-3-24所示。每一层颜色层及珍珠层喷涂之前及清漆喷涂之前,须以粘尘布去除漆尘;每一层颜色层及珍珠层喷涂之前须确保上一层已充分干燥,避免干喷。

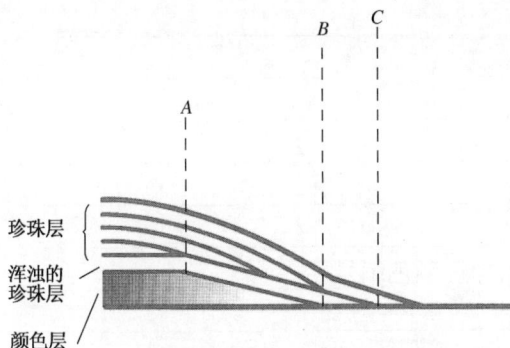

图 3-3-23　珍珠层喷涂范围

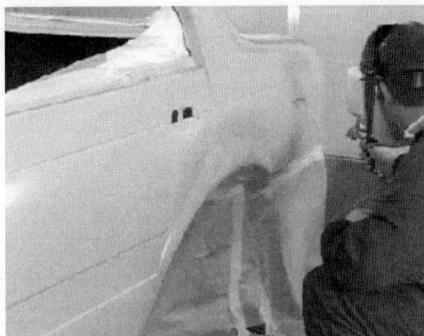

图 3-3-24　驳口处理

(8)喷涂清漆。在色漆喷涂区域喷涂第一层清漆,并给予充分间隔时间;整板喷涂第二层清漆。

综上所述,要取得三工序珍珠色修补的完美效果,必须采用正确的晕色修补工艺,这样可能会感觉比较烦琐,但和返工相比,会节省更多的时间和成本,从而赢得顾客的满意度,因此请严格遵循以上步骤进行操作。

三、评 价 反 馈

1. 自我评价

(1)通过本学习任务的学习你是否已经掌握以下问题:

①珍珠漆调色的规范流程有哪些?

②珍珠漆的调色流程中,分色板的制作过程。

(2)在三工序珍珠漆的调色施工过程中,试板的制作和两工序的银粉漆试板制作的不同之处在什么地方？

_____

_____

_____

（3）任务实施记录：

①在珍珠漆的调色施工过程中用到的设备及工具有 _____

_____

_____

②电子秤正确操作时的注意事项 _____

_____

_____

调漆机使用时的注意事项 _____

_____

_____

③劳动保护用品有 _____

④铭牌在车上所处部位 _____，原厂颜色编号 _____

⑤调配 100mL 油漆的配方为 _____

_____

_____

⑥在调色过程中因底材不同、珍珠喷涂层数不同对颜色的影响，用相机拍照做成图片，

其过程 _____

_____

_____

⑦改变喷涂条件、改变颜色试板标记的内容 _____

_____

_____

（4）是否主动清洗喷涂试板的喷枪？

评价：_____

_____

_____

（5）工作着装是否规范？

评价：_____

_____

_____

（6）是否主动参与工作现场的清洁和整理工作？

评价：_____

_____

_____

（7）在完成本学习任务的过程中,你是否主动和其他同学探讨喷涂层数与颜色的有关问题？具体问题是什么？结果是什么？

评价：_____

_____

_____

（8）你是否掌握晕色修补技术？

评价：_____

_____

_____

（9）通过本学习任务的实训,你认为哪些方面还需要更进一步改善？

评价：_____

_____

_____

签名：_____   ____年____月____日

2. 小组评价

小组评价见表3-3-2。

小组评价   表3-3-2

序号	评 价 项 目	评 价 情 况
1	是否选出组长	
2	保护用品是否符合要求	
3	是否合理规范地使用仪器和设备	
4	是否按照安全和规范的规程操作	
5	是否遵守学习、实训场地的规章制度	
6	是否积极主动地提出问题、探讨问题	
7	是否能保持学习、实训场地整洁	
8	组员之间是否有团结协作精神	
9	组长的管理能力如何	

参与评价的同学签名：_____   ____年____月____日

3. 教师评价

_____

_____

教师签名：_____   ____年____月____日

学习任务 4　水性漆的调色

学习目标

1. 叙述水性漆的优缺点,水性喷涂和油性喷涂区别;
2. 根据规范流程正确完成水性漆的调色;
3. 掌握水性漆的喷涂试板技能,懂得喷涂方法对颜色的影响;
4. 分析水性漆的色差,能进行色差微调;
5. 懂得工作现场的安全防护要领并具有管理意识。

任务描述

李先生的保时捷帕纳梅拉轿跑车,在一次交通事故中前车门损坏,经保险公司定损员定损后,开到涂装车间进行修补涂装。请你调配与原车门相同颜色的棕色金属水性漆,安全、环保和规范地完成此项任务。

学习引导

本学习任务沿着以下脉络进行学习:

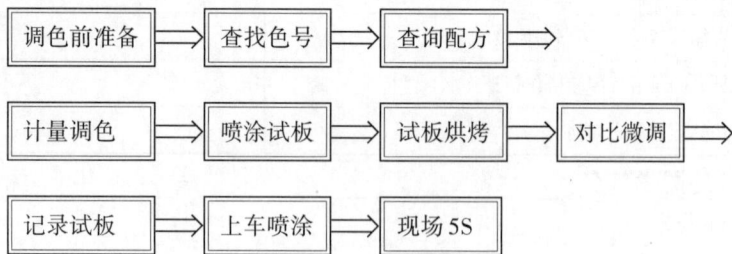

```
调色前准备 ➡ 查找色号 ➡ 查询配方 ➡

计量调色 ➡ 喷涂试板 ➡ 试板烘烤 ➡ 对比微调 ➡

记录试板 ➡ 上车喷涂 ➡ 现场 5S
```

一、相关知识

1. 水性漆

20 世纪 30 年代,欧洲国家首先研发出水性涂料,并将它推广商品化。到 20 世纪 60 ~ 70 年代我国才开始研发水性漆,而欧美发达国家作为涂料的主要生产国,迫于环境保护压力,开始重视水性漆生产,到 20 世纪 90 年代美国加大对水性漆的研发;21 世纪初,水性漆用量占全球涂料用量的 30% 以上,欧美日所占市场份额更大,而中国作为全球最大的涂料生产国,水性漆产量远不及欧美发达国家。

水性漆(Waterborne Coating)是指用水作溶剂或者作分散介质的涂料。水性漆主要包括水溶性漆、水稀释性漆、水分散性漆(乳胶漆)三种。水性涂料大致由三部分组成:乳液(树脂悬浮于水中)、助剂及颜料,其中树脂是涂料的核心。

2. 水性漆的优点

(1)水性漆以水作为分散介质,仅采用少量低毒性醇醚类有机溶剂,安全环保、节约资源,消除了施工时发生火灾的危险性,有利于降低大气污染。

(2)水性漆对材质表面适应性非常好,在潮湿环境同样可以施工,涂层附着力强。

(3)水性漆容器和工具都可用水清洗,没用完的涂料可以放在阴凉的地方保存,既节约了涂料资源,又减少了对清洁溶剂的消耗。

(4)水性漆电泳涂膜均匀,展平性好,细小的缝隙和边角都能涂上一定厚度的涂膜,施工方便,防护性能好。

3. 水性漆的缺点

(1)因为水的表面张力大,甚至比有机溶剂大很多,污物会使涂膜产生缩孔,所以水性涂料对施工表面清洁度要求高。

(2)难湿润,不易溶,蒸发易受温度和湿度的影响,溶剂的沸点可控制其挥发速度,水性涂料则较难控制。

(3)水性漆与溶剂型涂料相比更易发生流挂弊病。在施工时必须控制好现场的温度、湿度、和涂料的黏度,确保喷涂时不会发生流挂。

(4)水性漆在烘烤工序中会出现气泡,应在水性漆中导入预热(P/H)工艺,可防止在烘烤过程中出现如气泡、体积收缩造成的流挂等问题。

4. 水性漆与溶剂型漆区别

水性漆与溶剂型漆的最大区别在于:以水取代有机溶剂作溶剂,分别如图 3-4-1 和表 3-4-1所示。

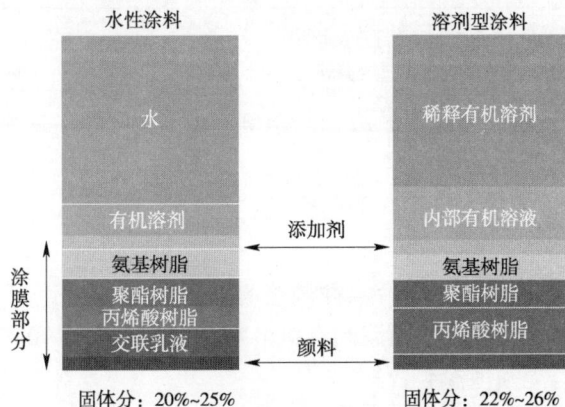

图 3-4-1　水性漆与溶剂型涂料构成对比

水性漆与油性漆对比　　　　　　　　　　　　　　　　　表 3-4-1

分类	水性漆	溶剂型漆
溶剂	水和少量的成膜溶剂（<5%）	有机溶剂：甲苯，二甲苯；矿物质油漆溶剂等
主要树脂	水性丙烯酸树脂，水性聚氨酯分散体	硝化纤维素，醇酸树脂，异氰酸酯
增塑剂	一般不需要增塑剂	含 DOP，DNIP 酞酸酯类化合物
应用环境	无粉尘干燥环境，不锈钢管道输送涂料，18℃以上温度	需要考虑适应冬季和夏季的温度变化
安全隐患	非易燃性，无火灾隐患	因涂料易燃，防火要求严格
储存运输	储存和运输需要温度在0℃以上	运输工具应符合危险品运输要求

水性漆不仅具有施工方便、不污染环境等特点，而且从根本上消除了溶剂型漆在生产和施工过程中因溶剂挥发而产生的火灾隐患，也减少了有害有机溶剂对人体的危害。

5. 水性汽车漆

水性汽车漆是以水溶性树脂为成膜物，以聚乙烯醇及其各种改性物为代表，除此之外，还有水溶醇酸树脂、水溶环氧树脂及无机高分子水性树脂等。

1）水性汽车漆的最大优点——环保

传统的油性漆含有 85% 以上的有机溶剂，而水性漆仅含 10% 的有机溶剂，因此 VOC 排放量较低。同时水性漆还有较好的漆层特性，良好的通透性和光泽度，其他优点见表 3-4-2。

水性漆的特点　　　　　　　　　　　　　　　　　　　　表 3-4-2

特　点	益　处
水性产品	无重涂敏感性，不与底基反应，特别是不与原厂漆反应；无味，无溶剂蒸汽，大大改善工作环境；对维修人员更健康
施工方法简便	从油性产品到水性产品转换容易；与车间标准修补设备基本兼容
驳口简易效果良好	减少工作时间
使用简单	容易培训
底色漆外观光滑平整	卓越的外观，极高的光泽度
色母免搅拌	卓越的颜色准确性
无须调色架	减少占用空间并降低噪声
色母遮盖力高	修补迅速，节省时间

2）水性汽车漆的缺点——较长的挥发时间

与溶剂型漆相比，水性漆具有低挥发速率、高表面张力、高导性、腐蚀性以及易产生气泡的特点，导致水性漆在设备和施工工艺方面与溶剂型漆有所不同。

6. 水性漆分类

目前，国内市场上主流的水性漆分为两大类：

1）半油半水

指色母是溶剂型的铁罐包装，配合水性调整剂混合成水性漆。

优势一：相比溶剂型底色漆，水性漆的有机溶剂含量减少大约90%。

优势二：储存方便，无须恒温装置。

色母采用溶剂型，采用与溶剂型漆相同的调漆机；所有色母无须特殊恒温箱装置；色母常温保存即可，并有 5 年保质期；按配方调配好的油漆可保存长达 6 个月；只有混合树脂和调整剂需要 0℃以上保存。

优势三:操作简单,配置不变。

采用与溶剂型漆同样的 HVLP 喷枪;与溶剂型油漆喷涂手法相同;无须特别的喷涂工艺;采用供溶剂型漆使用的标准化烤房;只需要添置水性漆吹风枪。

水性油性过渡无障碍,上手可用,典型的代表就是德国巴斯夫鹦鹉水性漆。

2)纯水性

色母为水性色母塑料罐包装,使用时轻轻摇晃即可调色,但是色母必须恒温保存(5~35℃)。

优势一:油漆色母无须搅拌,随取随用。

采用特殊技术(微胶抗沉淀技术),色母在存放过程中,不会产生沉淀现象,不需要搅拌。

优势二:VOC 挥发量远远低于欧洲标准,绿色环保。

由于是纯水性,水性油性转换施工时,需要一个过渡期,大概 30 天左右,施涂方法会有细微改变。但从长远来看,纯水性是未来趋势,典型的代表就是 PPG 水性漆。

7. 水性漆喷涂的技术特点

水性漆中水的挥发主要是通过调节喷漆室的温度和湿度来进行控制的,而溶剂型油漆可以通过调整稀释剂的蒸发速率来调整涂着固体分。水性色漆的涂着固体分通常为 20%~30%,而溶剂型色漆的涂着固体分高达 60%~70%,因此水性色漆的平滑性较好,但同时需加热闪干,否则容易出现流挂、气泡等质量问题,因此涂料流变性的控制技术是水性漆的设计关键。

1)设备技术特性

喷漆室和烘干室(电加热喷烤漆房),如图 3-4-2 所示。

a)   b)

图 3-4-2 电加热喷烤漆房

由于水的腐蚀性比溶剂的要大,因此喷漆室的循环水处理系统需采用不锈钢制成。其次,喷涂室的空气流动状况要良好,风速控制在 0.2~0.6m/s 之间,或者空气流动量达到 28000m³/h(正常烤漆房均能满足此条件),同样烘干室中由于空气中的水分含量较高也会对设备造成腐蚀,所以烘干室内壁也需采用防腐材料制造。喷涂水性漆,利用红外线辐射加热的喷烤漆房快速干燥漆面,节省作业时间提升效率

2)自动喷涂系统

水性漆喷涂的喷漆室最佳温度为 20~26℃,最佳相对湿度为 60%~75%。允许温度为

20~32℃,允许相对湿度为50%~80%。因此,喷漆室内必须有适当的调温调湿装置。国内汽车涂装喷漆室冬天都可以调温调湿,夏天却很少有调温调湿的,因为需要的制冷量太大,所以很少有送冷风的。因此在高温高湿地区,如果使用水性漆,必须安装喷漆室中央空调,夏季也需要送冷风,这样才能保证水性漆的施工质量。

3)其他设备

(1)油水分离器,如表3-4-3所示。

德国SATA油水分离器适用范围　　　　　　表3-4-3

活用范围	型号、名称及图示
气动设备、工具	SATA 0/424 单节油水分离器
吹尘枪、洗枪机	
底漆喷涂	
面漆喷涂	SATA 0/444 标准型双节油水分离器
附有活性炭过滤器的供气式面罩(口罩)	
水性漆喷涂	SATA 0/484 专业型三节油水分离器 (水性涂料专用)
不带活性炭过滤器的供气式面罩(口罩)	

在水性漆的施工过程中,对压缩空气洁净要求非常高,要保证压缩空气里没有油和水或其他物质,因此在施工的烤漆房内,需要安装三节油水分离器(油性漆安装的是两节油水分离器)。

(2)文丘里吹风枪,如图3-4-3所示。

文丘里效应(venturi effect):是当风吹过阻挡物时,在阻挡物的背风面上方端口附近气压相对较低,从而产生吸附作用并导致空气的流动。基于文丘里效应制造的设备设施,叫作文丘里×××,如文丘里吹风枪、文丘里扩散管、文丘里收缩管、文丘里喷射泵、文丘里流量计等。

由于水性漆里溶剂是水,喷涂的时候,为了加速挥发掉油漆中的水,需要使用文丘里吹风枪加速空气流动,快速干燥油漆表面,从而提高工作效率。

(3)喷枪清洗/凝结设备,如图3-4-4所示。

用于喷枪清洁

容器能被用于废水凝结。

过滤器可过滤残渣,这些残渣必须被作为普通废漆,作相应处理。

过滤后的废水可再被循环使用。

图3-4-3　文丘里吹风枪　　　　图3-4-4　水性漆洗枪机

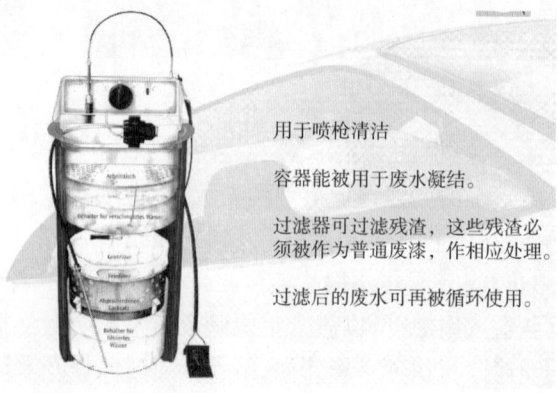

用专用的水性洗枪机,确保油性和水性油漆废物分开处理,调漆用容器和调漆棒也可以在洗枪机里清洗。自来水会腐蚀枪身,不宜用来洗枪。

> **注意**
>
> 水性漆废物不允许排放入公共排水系统。

(4)喷枪。尽可能使用带气压表的专用喷枪,这样可以保证喷涂试板与最终修补结果保持一致,推荐使用 HVLP 水性漆型喷枪,例如:SATAWSB、Devilbiss HVLP、lwata HVLP,使用前要确保喷枪完全清洁并用清洁干燥的空气吹干,这个步骤对于保存用溶剂清洗过的喷枪很重要。

8. 水性漆的喷涂和闪干

1)水性漆的喷涂

喷涂使用重力式喷枪(SATA HVLP1.3)。相关喷涂参数见表3-4-4。

水性漆的喷涂参数 表3-4-4

喷枪口径(mm)	喷枪与板件距离(cm)	喷涂气压(MPa)	色漆遮盖标准
1.3	15~20	0.2	50%~70% 遮盖
1.3	20~25	0.2	100% 遮盖
1.3	25~30	0.2	喷涂一个效果层

2)水性漆的闪干

由于水性色漆和罩光清漆是"湿碰湿"施工的,因此水性漆存在预烘干的问题,即将色漆涂层中的绝大部分水、助溶剂挥发掉。试验表明水性色漆涂层的溶剂含量(主要为水)应降低到10%以下,喷涂的罩光清漆才不至于将色漆层再溶解而产生水泡,影响外观质量。如果在通常的温度条件下闪干,水性色漆的溶剂含量不可能达到10%以下。因此,在水性色漆上喷涂罩光清漆之前,必须进行适当的强制干燥。常见的强制干燥设备是吹风枪(电加热烤漆房),在使用吹风枪时,吹出的气流方向应与烤漆房内气流方向相同。吹风枪不能与漆面垂直,否则将会造成油漆缺陷。待色漆层充分干燥后就可以进行清漆喷涂。

9. 颜色微调

颜色微调的 17 个原则(油性漆和水性漆微调原则通用),在这里总结如下:

(1)在色母和原装成品色漆装置搅拌盖前,要用搅拌尺手动彻底搅拌。

(2)每一个搅拌盖只能用于一个颜色。

(3)每天要开动调漆搅拌机 2 次,每次 15min。

(4)确定每一个搅拌头都运转正常。

(5)保持搅拌盖油漆出口干净,以保证添加量容易精确。

(6)使用最新的配方软件。

(7)要按照配方提供数据精确地调配。

(8)注意配方中的提示,例如,可能有多个偏差色配方;不要低于配方提示调配的最小量。

(9)添加微量色母时,尽量使用配方中已有的色母,避免条件等色。

(10)确认所提供的偏差色,使用最接近的。

(11)完全遵守固化剂和稀释剂的混合比例。

（12）使用色母挂图和调色指导。

（13）喷漆前,调好的油漆需喷涂试板,干燥后再与要修补的区域做比较。

（14）确认是在日光条件下,非直射的阳光下,无彩色的环境中匹配颜色。

（15）不要在极端的气温条件下储存色母。

（16）调漆房内的空气最低温度为15℃。

（17）调漆搅拌机、电子秤必须保持清洁。

二、任 务 实 施

1. 棕色金属水性漆调色施工程序

由于水性漆是水取代了油漆中的溶剂,不管是素色漆还是银粉漆、珍珠漆,都需要喷涂清漆层,因此,调色流程和溶剂型的银粉漆和珍珠漆大体相似,调配和试板喷涂会有细微差别。

在任务实施过程中,要正确掌握水性漆的施工程序,如图3-4-5所示:

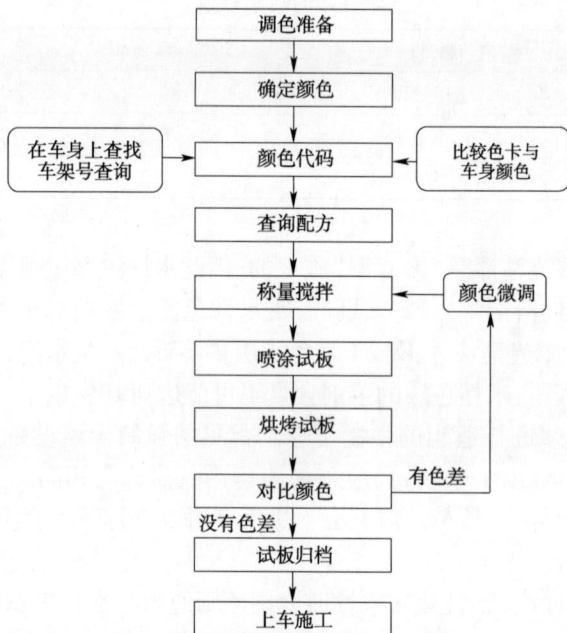

图 3-4-5　水性漆调色流程图

2. 涂料调色准备

1）安全防护

（1）避免皮肤接触。穿着防静电喷漆服及佩戴防溶剂手套,使用隔绝性护手油膏以保护裸露的皮肤。如果在调色过程中皮肤不慎接触,应脱掉污染的衣服,用肥皂水或其他皮肤清洗剂彻底清洗皮肤,不要使用溶剂或稀释剂。

（2）避免眼睛接触。使用或处理油漆、固化剂和溶剂时必须佩戴护目镜;如有任何漆料溅入眼睛,应马上用清水冲洗15min并送往医院治疗;喷涂试板时,应使用全面式供气面罩。

（3）避免呼吸系统接触。打开供排风系统,保证调漆间在调色过程中空气流通,在调色时,选择合适的面罩。在调色完毕10min后方能关闭供排风系统,以便充分排出有机溶剂。

如果操作人员吸入过量油漆蒸气,呼吸变得不规则,应将其放在救助地点,然后咨询求救。

因此,每次进入调漆间前都要穿戴好防护用具,以确保身体不受有机溶剂侵蚀伤害。

(4)避免食用接触。切勿在调漆间内进食或吸烟,以避免误服异物,所有工作人员进食或使用卫生间前必须彻底洗手。

2)设备运行检查

(1)如果使用纯水性漆,检查保存色母的恒温柜温度显示是否在正常范围5～35℃,如图3-4-6所示;如果使用鹦鹉水性漆,所有色母必须充分搅拌后才可置于搅拌机上。若使用未上架色母或整罐色母,请务必使用振荡器10min左右。

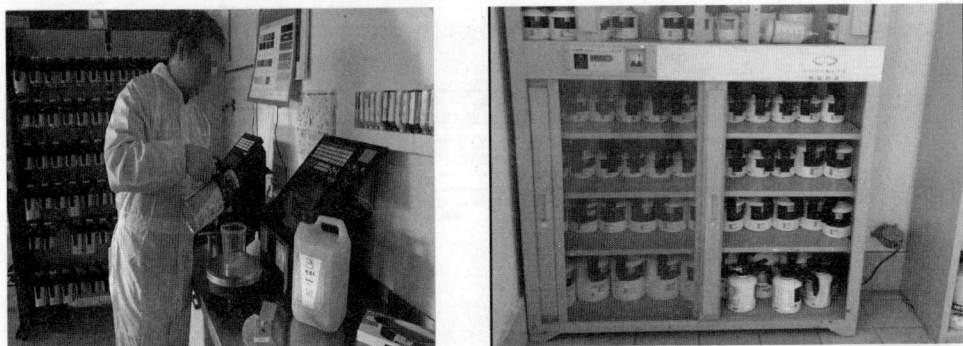

图3-4-6 鹦鹉水性漆和PPG水性漆

(2)因为所调颜色是棕色金属水性漆,色母是油性色母,所以要使用搅拌机。打开搅拌机运转15min,确保色母搅拌均匀才可以配漆。要确保搅拌机每天上午,下午各运转一次,每次至少15min。

(3)电子秤要放在调色架附件,以方便称量,避免放在风口处。

(4)电子秤要放在坚实水平的桌面上,避免摇晃。

(5)注意防火。漆雾和挥发性气体是易燃易爆的,所以每次调漆前检查调漆间的防火设备是否正常,而且要求调漆人员必须具备正确的灭火方法。

3.调色

前面几个任务章节都是以PPG调色来实施,流程大同小异,这一任务章节选择鹦鹉漆调色系统来实施。以适应不同市场需要。

1)确定原车颜色

确定原车颜色可以有四种方法:

(1)查找车身颜色代码。一般代码铭牌位置在汽车发动机舱周围,行李舱盖内部等部位。

(2)查找车架识别号。将车架识别号输入车间配备的维修电脑,查询到车辆维修手册里的车辆信息找到颜色代码及其中文名称。比如此次任务,输入李先生的保时捷帕纳梅拉轿跑车车架识别号信息,我们在保时捷维修系统里查询到颜色代码为M8U,颜色名称棕色金属漆。

(3)如果无法在车身上找到原厂色号,就要用细蜡进行清洁处理修补区域附近,然后利用油漆公司提供的色卡,从色调、明度、彩度三个方面进行分析,尽快找到接近的颜色,根据色卡查出对应的颜色代码,即可得到相对接近的配方。

(4)使用鹦鹉色差仪或者PPG快配色仪,快速检测得到对应配方,但是设备比较昂贵,

137

修理厂或汽车4S店都不会配备。

2）查询配方

在车身上查到原厂颜色代码或者通过对比找到颜色色号后，现在各大油漆厂商都提供联网在线查询配方服务，能够实时的更新新的颜色配方，大大方便了颜色配方的查询，手机、计算机等只要能联网的设备都可以随时随地查询颜色配方。现以鹦鹉漆调色系统举例如下：

（1）打开计算机，打开浏览器输入 http://coloronline.glasurit.com/index.php，进入如图3-4-7所示的界面。

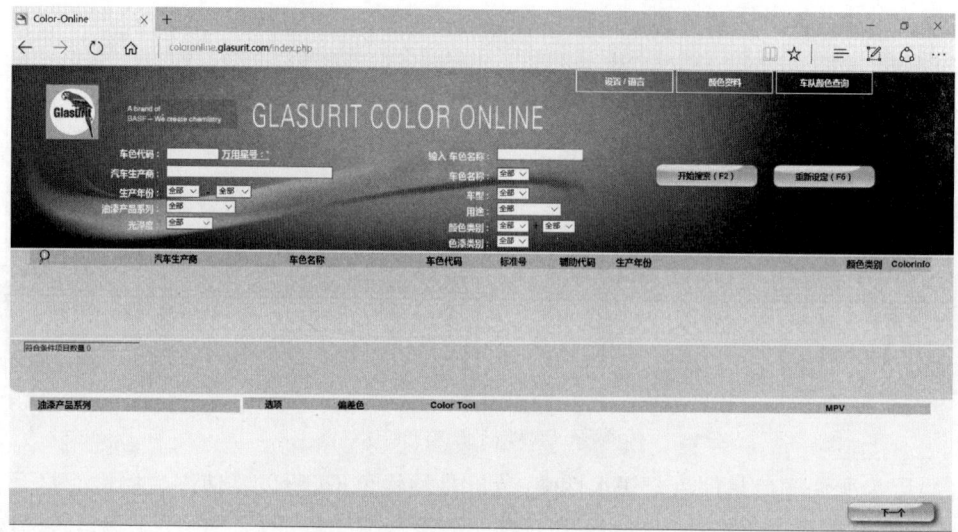

图3-4-7　鹦鹉漆颜色联网查询界面

（2）配方查询，如图3-4-8所示。

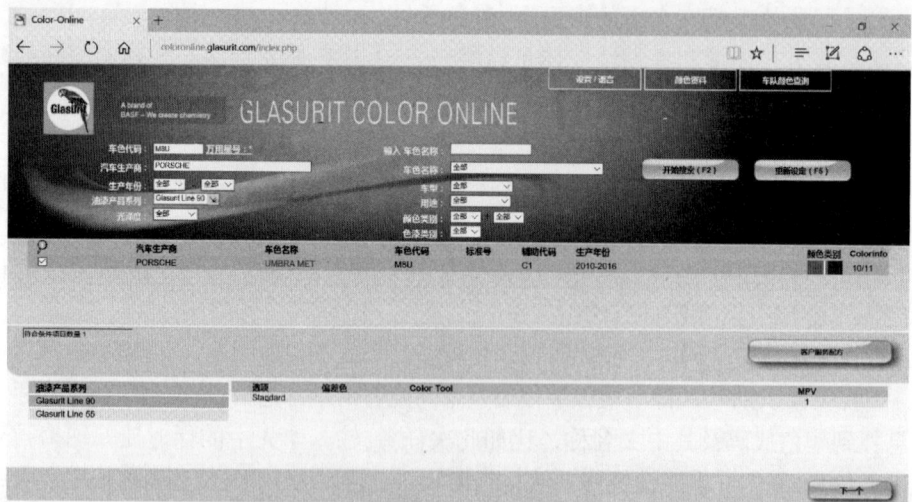

图3-4-8　查询界面步骤示意图

①车色代码：M8U——输入在车身上找到的颜色代码M8U；

②汽车生产商：PORSCHE——输入保时捷的英文；

③油漆产品系列：Glasurit Line 90——选择鹦鹉 90 系列水性漆；

④点击界面右边的"开始搜索"按钮；

⑤选中方框，双击"颜色代码"条目；

⑥因为是调配水性漆，所以油漆产品系列选择 90 水性漆系列；

⑦只出现了一个配方，说明这种颜色没有偏差色，只有一个标准色配方。双击"Standard"。

然后，就进入了颜色配方界面，默认的是 1L 油漆的配方量，因为只调配轿车车身前门，因此在界面右边汽车模型图上选择左前门，如图 3-4-9 所示。

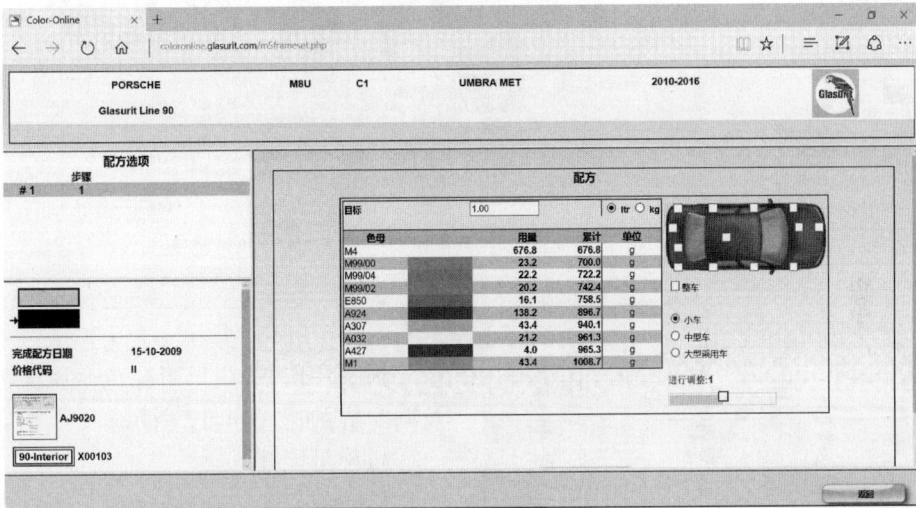

图 3-4-9　配方默认界面

⑧因为调色车辆为轿车，属于小型车，系统默认小型车，不用更改。勾选汽车模型的前车门，系统自动计算出需要 0.13L 油漆，注意界面下部醒目红字提醒，检测到最小混合量，会影响颜色准确性，因此需要修改下颜色的量，使颜色更准确，如图 3-4-10 所示。

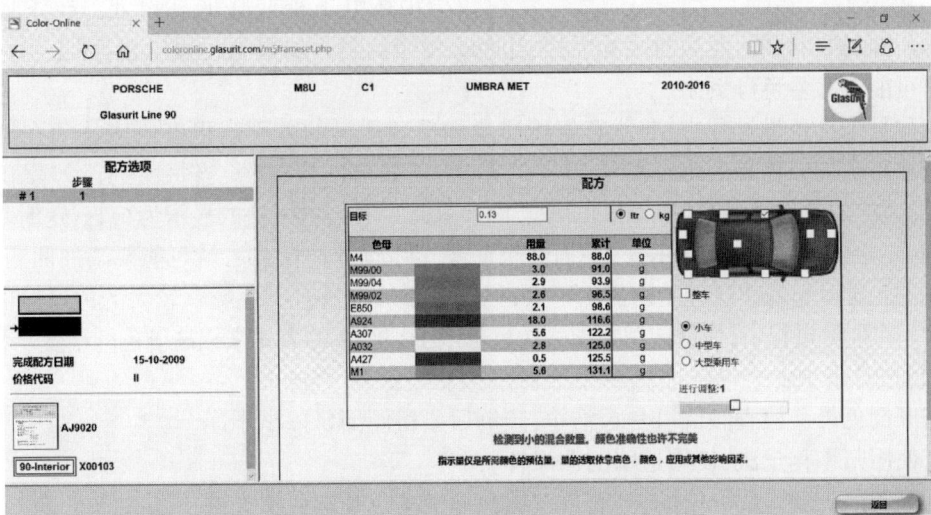

图 3-4-10　选择喷涂面积预估调漆量

⑨更改调漆量为0.2L,红色字体提示消失。本次调色预计调配0.2L油漆,如图3-4-11所示。

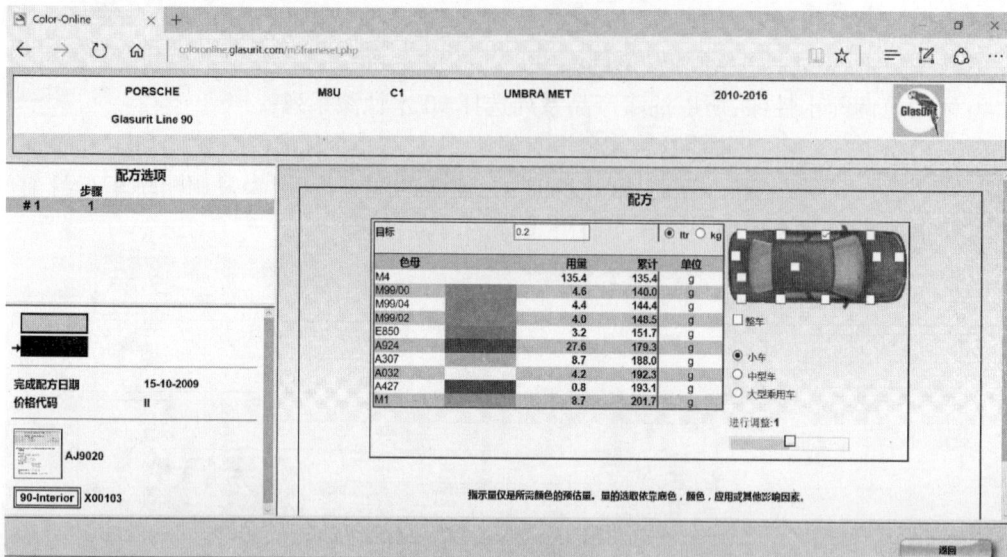

图3-4-11　确定最终调配量

到这一步,就获得了棕色金属漆的配方及调配量,如图3-4-12所示。

3)称量搅拌

(1)称量。

找到颜色配方,确定需要涂料的数量,利用电子秤计量添加相关色母的质量。按照使用说明书的指示定期校准电子秤,然后进行称量。不要在电子秤上搅拌色母,这样会损坏电子秤或降低其精度。在添加色母时,最好先倾斜涂料罐,然后拉动操纵杆,让色母慢慢倒出。如果先拉操纵杆,那么当涂料罐倾斜时可能有大量色母倒出。

目标		0.2		● ltr ○ kg
色母		用量	累计	单位
M4		135.4	135.4	g
M99/00		4.6	140.0	g
M99/04		4.4	144.4	g
M99/02		4.0	148.5	g
E850		3.2	151.7	g
A924		27.6	179.3	g
A307		8.7	188.0	g
A032		4.2	192.3	g
A427		0.8	193.1	g
M1		8.7	201.7	g

图3-4-12　调色配方

在称量添加色母过程中,要注意累积质量和单独质量的差别。很多调漆技师在调漆时习惯采取每次加完色母后电子秤不归零的方式,正如前面所说的,当每次的误差累积起来后,后面所加的色母就会偏少。比如油漆实际质量是6.19g,电子秤的显示为6.1g,这时只要加一滴色母,电子秤就会立即显示6.2g;而如果油漆实际质量是6.10g,就可能要滴加两滴色母,电子秤才能显示6.2g。这种差别虽然不大,但是在添加少量对颜色影响较大的色母时误差就会很大。在称量过程中,尽量选用每加一次色母电子秤归零的方式来提高调色的精度。

(2)注意事项:

①倾倒色母前检查倾倒口是否洁净,倾倒后要将倾倒口擦拭干净。

②使用归零称量法,使用透明的调漆杯。

③倾倒前先倒入配方中的树脂,再按照色母量主色和副色从大到小依次倒入。

(3)搅拌。

在添加完所有色母后,要用搅拌尺或者比例尺混合涂料,以产生均匀的颜色,如果涂料黏结到容器内壁,要用搅拌尺刮下涂料,以防止产生色差。

4)喷涂试板

搅拌好以后,手指涂抹和直尺比色都不能显示正确的颜料排列,而且湿涂料的颜色不能真实反映干涂膜的颜色,特别是金属漆中银粉的颗粒和亮度,不经过喷涂不可能把握准确。而应采用与修补喷涂相同的施工方法喷涂试板(图3-4-13),在调色中喷涂试板是很重要的一步,具体注意事项如下:

图3-4-13 试板喷涂

(1)选用试板材质需要跟汽车待修补处材质一致,并喷涂中涂底漆。

(2)试板面积不宜太小,太小则对颜色的分辨不准确,应该在 10cm×15cm 以上。

(3)喷涂时要按照和车身修补一致的喷涂方法喷涂。不能太厚或者太薄。

(4)喷涂色漆层时,层间干燥时应使用文丘里吹风枪加速干燥后再喷涂下一层。

(5)清漆喷涂时,也和车身修补喷涂方法一致,色漆层喷整板,清漆喷试板的二分之一,如此可节省时间材料,通过对比,累积调色经验。

(6)喷涂完成,自然干燥10min后,放入小型烘箱里烘烤。湿漆和干燥后的油漆差异比较大。

5)对比颜色

把烘干的试板拿出烤箱,与待修补的目标从色调、明度、彩度三方面进行对比,如果对比结果已经能够满足颜色要求,则进行实车喷涂;如果比对结果发现颜色有差异,则需要对颜色进行颜色微调。比色时应注意以下几点:

(1)比色时要注意光线和背景色对比色的影响。通常比色最好在阳光下进行,如果没有阳光,那么必须在配色灯下进行。比色时还要考虑环境色对颜色的影响。调漆间的颜色应该涂成白色或者灰色。

(2)调色技师在视觉方面应该没有异常,也就是通俗说的色盲,年龄最好在 20~30 岁。40 岁以后,人眼对色差的辨别能力变差。不得穿颜色鲜艳的服装,如果佩戴眼镜,必须是无色透明的。

(3)为了准确比色,必须熟知各种标准颜色,平日里要经常进行识别练习,观察时目标板与试板要交替观察,不要长时间凝视,如果察觉眼部疲劳,可多人一起观察,方便准确辨别颜色差异。

(4)涂料生产厂的配色数据要求尽量避免出现条件等色现象,因此,想要准确调出颜色,一方面选择涂料原厂配方,另一方面要在两种或两种以上的光源下观察。

正面:观察车身的颜色角度是90°~120°

半侧面:观察车身颜色角度约45°

全侧面:观察车身颜色角度是180°

图3-4-14 观察角度

(5)比色时,目标板要尽量和试板放的尽可能近,在同一水平面。

(6)观察的角度一般有三个:正面,半侧面(亦称半角),全侧面,如图3-4-14所示。

多角度观察,如果颜色匹配,就可以施工,如果不匹配就进行微调分析实际喷涂时会可能影响颜色的因素和造成的色差,它们的色调、明度、彩度一致才能说它们颜色匹配。

6)颜色微调

作为用于涂料行业的一种手段,是要把一个起始颜色尽可能精确的匹配目标颜色,这个颜色调整,也叫"颜色调配"。多数情况下,你只需要添加很少量的除颜色配方主色母以外的影响颜色变化的一些微量色母。除有颜料外,这些色母包含树脂,少量的体制颜料,和一些必要的添加剂。相对于浓缩色浆,它减少了着色力,更适用于微小的颜色变化。

首先,试着在涂料供应商提供的配方查询系统中找到匹配的颜色,如果仍然需要微调,则需要决定调配的方向,选择一个配方中包含的色母。

在微调前,需考虑:

需要把颜色调成什么样?需要暗些,浅些,脏些,纯净些?

蓝色:偏红还是偏绿?

红色:偏黄还是偏蓝?

黄色:偏红还是偏绿?

使用白色微调非常纯净或非常鲜艳的颜色时,你需要问问自己添加白色会不会使油漆有些牛奶色?在使用黑色微调时,需要考虑,你的颜色是否会发灰,变脏?

如果不能使用配方中的色母微调到需要的颜色,请参考色母挂图,选择其他合适的色母。微调的方法如下几点:

(1)明度调整。

影响明度的主要因素有:车间环境、喷涂方法、溶剂的使用、油漆的用量、喷枪压力和混合料中的颜料用量等,在明度调整时必须综合考虑各种因素才能得到合适的油漆亮度。

(2)色调调整。

在明度调整好后才能进行色调调整。每种颜色的色调只可能沿两个方向变化:第一,色调会发绿或发红的颜色有蓝色、紫色、黄色、米黄色和棕色;第二,色调会发黄或发蓝的颜色有绿色、黑色、褐红色、灰色或银色、白色;第三,色调会发黄或发红的颜色有青铜色、红色和橘红色;第四,色调会发蓝或发绿的颜色有海蓝色和青绿色。可以根据油漆厂提供的资料选定能调出正确色调的调色剂后,按最低限量计算调色剂用量。经充分搅拌均匀后,喷涂一小块试板,待干燥后与原面漆作颜色对比。

(3)彩度调整。

调整好明度和色调后开始调整彩度。不管怎么调,只要添加了色母,颜色的彩度都是在下降,所以颜色会越来越深,越来越浑浊。因此把颜色从浅到深调配很容易,而把颜色从深到浅调配则会耗费大量的涂料,因此对于实际应用就意义不大,要特别注意。

具体调整可使用表3-4-5,认真分析,有针对性地调整。直到颜色一致。

试板与目标板观察差异 表3-4-5

观察角度	色调	明度	彩度
正面			
半侧面			
全侧面			

7)试板归档

把当前的试板和以前的试板进行比较,如果颜色一致或通过过渡可以解决,在试板前端写上颜色代码,编号,背面记录微调后的颜色配方。存放于专门用于色卡存放的地方进行归档,为将来同样颜色的调配节省时间。

8)喷涂

颜色调好之后,立即准备喷涂李先生的保时捷帕纳梅拉轿跑车。

9)5S 管理

(1)使用水性洗枪机清洗色漆喷枪,使用稀料清洗清漆喷枪。

(2)调漆间,工作场所要保持干净,所有设备工具保持清洁,摆放有序。

(3)垃圾废料分类丢弃。

(4)避免使用稀释剂洗手,应使用专用的清洁剂。

三、评 价 反 馈

1. 自我评价

(1)通过本学习任务的学习你是否已经掌握以下问题:

①水性漆调色的规范流程有哪些?

_____

_____

②水性漆喷涂和油性漆喷涂有什么区别?

_____

_____

(2)任务实施记录:

①在水性漆的调色施工过程中用到的设备及工具有:

_____

_____

②文丘里吹风枪操作时的注意事项:

_____

_____

③劳动保护用品有:

_____

_____

④请从三个方面描述调色过程中出现的色差:

_____

⑤鉴别添加色母后微调试板标记的内容：

（3）是否主动清洗喷涂试板的喷枪？

评价：＿＿＿＿＿＿＿＿＿＿＿＿＿＿＿＿＿＿＿＿＿＿＿＿＿

（4）是否主动参与工作现场的清洁和整理工作？

评价：＿＿＿＿＿＿＿＿＿＿＿＿＿＿＿＿＿＿＿＿＿＿＿＿＿

（5）工作着装是否规范？

评价：＿＿＿＿＿＿＿＿＿＿＿＿＿＿＿＿＿＿＿＿＿＿＿＿＿

（6）在完成本学习任务过程中，你是否主动和其他同学探讨水性漆调色的有关问题？具体问题是什么？结果是什么？

评价：＿＿＿＿＿＿＿＿＿＿＿＿＿＿＿＿＿＿＿＿＿＿＿＿＿

（7）通过本学习任务的实训，你认为哪些方面还有待进一步改善？

评价：＿＿＿＿＿＿＿＿＿＿＿＿＿＿＿＿＿＿＿＿＿＿＿＿＿

签名：＿＿＿＿＿＿＿　　　＿＿＿年＿＿＿月＿＿＿日

2. 小组评价

小组评价见表3-4-6。

小组评价　　　　　　　　　　　　　　　　表3-4-6

序号	评 价 项 目	评 价 情 况
1	是否迟到	
2	保护用品是否符合要求	
3	是否合理规范的使用仪器和设备	
4	是否按照安全和规范的规程操作	
5	是否遵守学习实训场地的规章制度	
6	是否积极主动的提出问题探讨问题	
7	是否能保持学习实训场地整洁	
8	组员之间是否有团结协作精神	
9	组长的管理能力如何	

参与评价的同学签名：＿＿＿＿＿＿　　　＿＿＿年＿＿＿月＿＿＿日

3. 教师评价

教师签名：＿＿＿＿＿＿　　　＿＿＿年＿＿＿月＿＿＿日

附录 1　Deltron 色母特性表

Deltron 素色漆色母 附表 1

色　　母		使用范围(%)	说　　明
白色			
D700	白色	2.5~100	用于白色或其他颜色,微调时用 720
D720	通白	0~10	同 700 但浓度低,只能用于微量调整
黑色			
D701	发蓝黑	1.5~100	黑中带蓝,与白色混合呈蓝灰色,微调时用 703
D703	通蓝黑	0~10	同 701,但浓度低,只能用于微量调整
D702	炭灰黑	1.5~100	黑色强度介于 701 和 721 之间
D721	深黑	10~100	像 702,但更深,用于很深的实色,且用量要大
红色			
D711	洋红	0~60	亮红色,遮盖力很低,与其他红色混合使用;比 717 蓝,比 732 黄,与白色混合时用量不能小
D717	光红	0~100	高耐久性能的红色,用于明亮,透明的红色中
D729	铁锈红	1.5~100	带黄色调的铁锈红色,微调时用 735
D735	通铁锈红	0~10	同 729,但浓度低,只能用于微量调整
D731	紫红	0~80	红紫色,半透明,将被 785 取代
D732	通红	0~80	蓝色调的有机红,遮盖能力相当低
D785	褐色	0~80	红紫色,半透明,接近 731
橙色			
D707	橙色	20~100	橙色偏黄,与白色混合时用量不能少,含铅
D709	橙红	20~100	橙色偏蓝,与白色混合时用量不能少,含铅
D739	鲜橙	0~100	明亮的有机橙色,不含铅
绿色			
D736	鲜绿	0~70	绿色偏蓝,中等遮盖能力
D737	金绿	0~70	绿色偏黄
D738	通绿	0~70	黄绿色
黄色			
D705	柠檬黄	20~100	黄色偏绿,与白色混合时用量不能少,含铅
D706	中黄	20~100	黄色偏橙,与白色混合时用量不能少,含铅
D708	泥黄	1.5~100	不透明的泥黄色,微调时用 728
D728	通泥黄	0~10	同 708,但浓度低,只能用于微量调整
D718	鲜黄	0~100	有机黄色偏橙,不含铅

色　母	使用范围(%)	说　明
D719　青黄	0～100	黄色偏绿,不含铅
蓝色		
D704　坚蓝	1.5～90	蓝色偏红,微调时用725
D725　通坚蓝	0～10	同704,但浓度低,只能用于微量调整
D723　青蓝	0～90	蓝色偏绿
D734　紫色	0～30	紫色,遮盖能力低

Deltron 金属漆色母　　　　　　　　附表2

色　母	使用范围(%)	素色	银粉或珍珠漆	说　明
白色				
D753　白色	0～100	+	(+)	用于银粉漆时可调节侧视色调
D966　通透白		+	+	1/4 的 D753 强度,仅用于微调
黑色				
D740　黑色	0～100	+	+	黑色,稀释后带黄色调
D756　发蓝黑	0～100	+	+	稀释后带蓝色,但蓝色调不深
D798　深黑色	0～100	+	+	深黑色,带有蓝色调
D967　通透黑		+	+	1/10 的 D756 强度,仅用于微调
红色				
D748　通透红	0～60	−	+	透明的红色,具有鲜艳、清澈的侧色调
D746　品红	0～70	+	+	半透明的品红色,将被799取代
D749　啡红	0～60	−	+	半透明的棕色,侧视色调呈暗黄色
D752　红色	0～100	+	(+)	用于素色漆时红色带黄,在银粉漆中用来调节侧视色调
D757　鲜红色	0～60	+	+	透明的红色,带有纯蓝色调
D791　洋红	0～70	+	+	鲜亮的红色,需要与其他红色配合使用
D979　透明紫	0～70	+	+	半透明红色,带有深蓝色调
D978　猩红	0～60	+	+	带黄调的红
D779　铁锈红	0～100	+	+	不透明的铁锈红色,用于部分银粉漆中调节侧视色调
D790　透明橙	0～70	−	+	透明氧化红,正侧面都很清澈
D976　粉红	0～70	+	(+)	带蓝色调的红,有黄相,透明度好
D968　通透泥红		+	+	1/5 的 D779 强度,仅用于微调
橙色				
D792　亮橙	0～100	+	+	在部分银粉漆中用来调节侧视色调,不含铅
绿色				
D777　通绿	0～70	+	+	在素色和银粉漆中为绿色带黄

色　　母		使用范围 （%）	素色	银粉或 珍珠 i 漆	说　　明
D797	鲜绿	0 ~ 70	+	+	在素色和银粉漆中为绿色带蓝
D971	通透绿		+	+	1/6 的 D777 强度，仅用于微调
蓝色					
D741	光蓝	0 ~ 70	+	+	蓝色带绿，在银粉漆中侧视色调呈红色
D977	发红蓝	0 ~ 70	+	+	蓝色带红色调
D754	通蓝	0 ~ 70	+	+	高透明度的蓝色，侧视色调呈绿色
D776	蓝色	0 ~ 70	+	+	中等色调的蓝色，在素色和银粉漆中经常使用
D981	紫色	0 ~ 70	+	+	透明的紫色，用于素色和银粉漆中
D795	鲜红蓝	0 ~ 70	+	+	带红色调的蓝色，透明
D970	通透蓝		+	+	1/6 的 D776 的强度，仅用于微调
黄色					
D980	透明金黄	0 ~ 60	−	+	透明的泥黄色
D744	洋黄	0 ~ 60	−	+	黄色带红，侧视色调呈绿色
D750	橄榄色	0 ~ 60	−	+	绿黄色，用于银粉漆中
D778	泥黄	0 ~ 100	+	（+）	用于素色漆中为不透明的泥黄色，在部分银粉漆中用来调节侧视色调
D780	鲜黄	0 ~ 100	+	（+）	用于素色漆中为亮黄色带红色调，在部分银粉漆中用来调节侧视色调，不含铅
D794	青黄	0 ~ 100	+	（+）	用于素色漆中为亮黄色带绿色调，在部分银粉漆中用来调节侧视色调，不含铅
D964	浅黄		+	+	有限使用在银粉中
D969	通透泥黄		+	+	1/8 的 D778 强度，仅用于微调
银粉					
D767	幼无光银	0 ~ 100	−	+	幼银粉，侧视效果亮
D768	中无光银	0 ~ 100	−	+	中银粉，侧视效果亮
D769	特幼银	0 ~ 100	−	+	特幼细的银粉
D770	幼银	0 ~ 100	−	+	标准银粉，用于多数的银粉漆中
D771	中银	0 ~ 100	−	+	银粉的尺寸中等
D772	粗银	0 ~ 100	−	+	银粉的尺寸大
D952	幼细银	0 ~ 100	−	+	高度闪光、明亮的银粉——幼
D953	粗细银	0 ~ 100	−	+	高度闪光、明亮的银粉——粗
D982	红银	0 ~ 100	−	+	外包裹氧化铁的铝粉
D983	棕橙银	0 ~ 100	−	+	闪烁亮橙
D989	元宝粗银	0 ~ 100	−	+	正面特别亮，侧面特别暗
D984	黄银	0 ~ 100	+	+	正面黄、亮闪烁
珍珠色					
D751	珍珠白	0 ~ 100	−	+	白色云母，用于两层或三层珍珠漆，遮盖力低

色　　母	使用范围（%）	素色	银粉或珍珠漆	说　　明
D763　珍珠蓝	0～100	－	＋	白色云母带蓝色调,用于两层或三层珍珠漆,遮盖力低
D765　幼珍珠红	0～100	－	＋	幼细的红色云母,用于两层珍珠漆,遮盖力低
D766　珍珠红	0～100	－	＋	红色云母,用于两层珍珠漆,遮盖力低
D951　幼珍珠白	0～100	－	（＋）	幼细的白色云母,遮盖力低
D955　珍珠铜	0～100	－	（＋）	铜色云母,遮盖力低
D956　珍珠黄	0～100	－	（＋）	白色云母带黄色调,用于两层或三层珍珠漆,遮盖力低
D957　珍珠绿	0～100	－	（＋）	白色云母带绿色调,用于两层或三层珍珠漆,遮盖力低
D958　珍珠紫	0～100	－	（＋）	白色云母带紫色调,用于两层或三层珍珠漆,遮盖力低
D943　幼珍珠蓝	0～100	－	（＋）	幼细的白色云母带蓝色调,用于两层或三层珍珠漆,遮盖力低
D954　特幼珍珠白	0～100	－	（＋）	特幼细的珍珠白色,遮盖力低
D960　珍珠红	0～100	－	（＋）	正面红,侧面绿
D961　红绿珍珠	0～100	－	（＋）	红色云母,带绿色效果,用于两工序珍珠漆
D965　珍珠橙	0～100	－	（＋）	白色云母,带橙色效果
其他				
D759　哑浆	0～10	－	＋	用于银粉漆中调节侧视色调(侧视色调越亮,银粉表现得越粗),在配方中的最大使用量为10%
			（－）	与DG漆同时使用,用以获得哑光或无光效果
D959　特幼白	0～25	－	（＋）	用以冲淡侧视色调,并呈现出蓝色调的衬底,而中间角度则呈现出黄色调
D942　石墨黑	0～80		（＋）	黑色颜料的颗粒粗大,呈现出磨光效果

注:表中＋为可使用;－为不可使用;（＋）为如果原配方中有,可以使用。

附录2 Nexa Autocolor 色母特性表

色母	编 号	名 称	正 光	侧 光	备 注
白	P425-900	白	正面浊	全侧面浅	分散性色母，通常少量使用在金属漆中
	P420-902	通白	正面浊	全侧面浅	100 份 902 = 9 份 900
	P420-938	控色剂	正面浊	半侧面浅粗	分散性色母，最大用量30%，仅使用在金属漆中
黑	P420-933	蓝黑	正面浊，933 > 948	比 948 侧面浅	蓝调黑，比 948 黑，948 更多用于调配素色
	P425-948	黑	正面浊黄	比 933 侧面深	黄调黑，素色金属漆中的主色母
	P425-950	高浓度深黑	正面浊黄	比 948 侧面深，要使侧面深 950 > 948 > 933	在金属漆中使用
	P429-967	深纵黑	正面黄	侧面比 950 黑	
	P420-904	通黑			100 份 904 = 4.5 份 948
绿	P425-954	蓝绿	正面蓝	侧面深、蓝调	标准蓝绿色
	P420-975	青铜	正面金绿	侧面金绿	
蓝	P420-920	紫	正面紫	侧面紫，侧面比 930 稍黄	比 930 红，要使蓝银侧面更黄、更灰，混合使用 920 和 922
	P420-930	发红蓝	正面红、灰，比 920 绿	侧面红，比 920 鲜亮，侧面比 957 深	比 957 更红，更灰
	P429-952	坚蓝	正面亮绿	侧面亮绿	比 957 干净，但不如 957 常用
	P425-957	坚蓝(高浓)	正面鲜绿色	侧面比 922 红	调绿调蓝的主色母
	P425-922	湖蓝	正面红调，要使正面红 922 > 957 > 974	侧面绿，要使侧面绿 922 > 957 > 974	只能用于调配双色调银粉，不用于素色漆
	P420-974	蜻蓝	正面绿，要使正面绿 974 > 957 > 922	侧面红，要使侧面红 974 > 957 > 922	只能用于调配双色调银粉，不用于素色漆，如果用量 >50%，光泽低和流平差
	P425-919	清紫	红紫	红紫	干净
	P420-910	深蓝			100 份 910 = 6 份 957
黄	P420-905	泥黄	正面浊	侧面泥黄，比 937 更灰、更红	红调黄，分散色母
	P429-937	淡黄	正面浊	侧面浅、黄	绿调黄，分散色母，通常少量使用
	P420-982	铁黄	比 983 正面稍灰、绿	侧面稍灰，比 983 更深、更浊	带浊红色调的黄色母

色母	编号	名称	正光	侧光	备注
黄	P420 - 983	深黄	正面干净的金红色	侧面比 982 更鲜艳,更绿,更浅	在素色漆中少量使用
	P425 - 927	光黄	正面灰	侧面浅、黄	含铅柠檬黄,937 更常用
	P425 - 928	阳黄	正面灰	侧面浅、黄	含铅中黄,比 927 红,937 更常用
	P425 - 903	中淡黄	正面浊黄	侧面浅黄	为分散色母
	P429 - 972	琥珀黄	正面比 983 清澈	侧面比 983 更清澈	比 983 清澈
	P429 - 973	亮橙	橙色	橙色	高遮盖,高着色强度的新技术色母
红	P420 - 907	铁锈红	正面灰	侧面浊、橙色,要使侧面变浊 907 > 925	分散色母,通常少量使用
	P420 - 908	赤褐			100 份 908 = 11 份 907
	P425 - 925	橙黄	正面灰	浅而鲜艳的橙色,比 907 侧面鲜艳	含铅,分散色母,通常用量很少
	P420 - 926	超级红	稍蓝调,比 907 正面鲜艳	侧面稍黄	鲜艳而浅,由于遮盖力低,不能大量使用
	P425 - 921	通红	鲜蓝调	鲜蓝调	比 923 浅、蓝,要得到鲜红的素色效果,可与 941 或 925 混合
	P429 - 961	洋红	干净的蓝色调	比 921 暗	正面黄,干净,更亮,侧面暗
	P429 - 976	紫红	蓝调,比 921 正面灰	蓝调	比 921 深,要得到鲜红的素色效果,可与 941 或 925 合用
	P420 - 960	酒红	干净的蓝色调	干净的蓝色调	100 份 960 = 3 份 976
	P420 - 978	啡色	稍带蓝调	深棕侧面,比 977 更黄	比 977 浊,不用于素色漆
	P429 - 923	光褐红	鲜蓝调	带黄调的鲜褐色,用来提供比 977 更深的侧面	特性同 977,但更透明,更黄
	P425 - 971	光红	带黄色调的红,干净	带黄色调的红,干净	比 923 干净、更黄
	P420 - 977	红褐			只能用于调色清漆中
	P425 - 941	深红		侧面干净	不常用于银粉漆,鲜红,广泛用于素色漆
	P429 - 980	艳红			不用于银粉漆
	P420 - 942	铁红	金棕色,比 923 更金棕,比 978 更黄	金棕,比 907 更深,比 923 更金棕,比 978 浅	透明、鲜艳
银粉色母					
银粉	P425 - 985	细银	细粒,比 986 深	比 986 浅	最细的银粉

色母	编 号	名 称	正 光	侧 光	备 注
银粉	P425 - 986	中银	比 987 深	比 985 深,比 987 浅	比 985 粗
	P425 - 987	中粗银	比 988 深	比 988 浅	中粗度,比 986 粗
	P425 - 988	粗银	比 989 深	比 989 浅	比 987 粗
	P425 - 989	特粗银	高闪银	侧面深	比 988 粗
	P425 - 984	中闪银	比 988 正面浅	比 988 侧面深	抛光银
	P425 - 992	特闪粗银	比 989 和 984 浅	比 989 和 984 深	比 989 细,比 984 颗粒粗的抛光银
	P425 - 998	粗闪银	与 992 相似,稍清澈	比 992 和 989 深	抛光银,亮、粗,有很好的深度
特 殊 效 果 色 母					
	P426 - HE01	霜雪蓝	正面黄相	侧面蓝相	分散性色母,用显微镜都无法看到,使用量不超过 50%,比 PP09 更灰
	P426 - HE03	石墨片	稍鲜艳,带蓝调	浅浊侧面	通常在配方中用量较大,高遮盖力色母,颗粒度很小
	P426 - HE04	闪烁金	正面金黄比 983 正面浅	侧面深,侧面比 983 深	为带色的铝粉
	P426 - HE05	闪烁橙	亮橙色	侧面比 HE04 黑、红	外包氧化铁的铝粉
珍 珠 色 母					
白珍珠	PP60	超微白珍珠	白,比 PP06 灰	白,比 PP06 浅	最细的白珍珠
	PP06	细珍珠白	白,比 PP05 灰	白,比 PP05 浅	比 PP60 粗
	PP05	珍珠白	白	白	比 PP06 粗
干涉珍珠	PP07	蓝珍珠	蓝	黄	比 PP63 浅、粗
	PP63	超细蓝珍珠	蓝,比 PP07 灰	黄,比 PP07 浅	比 PP07 细
	PP61	超细红珍珠	红	绿	与 PP65 效果相反
	PP64	中粒紫珍珠	淡紫色	绿	
	PP65	中粒绿珍珠	绿	红	
	PP68	珍珠橙	红	绿	
	PP09	中粒金珍珠	金黄	蓝	同 HE01 相似,在高倍显微镜下可以看到,而 HE01 则不能看到
带色珍珠	PP08	珍珠红	红	红	黄相,比 PP62 粗
	PP62	超细赤珍珠	红,比 PP08 灰	红	比 PP08 浅
	PP10	中粒棕珍珠	红铜色	红铜色	比 PP08 和 PP62 色调黄

参 考 文 献

[1] 王卫东,印刷色彩[M].北京:印刷工业出版社,2005.

[2] 程杰铭,等.色彩学[M].北京:科学出版社,2006.

[3] 程玉光,高月敏.色彩与调色[M].北京:高等教育出版社,2006.

[4] 庞贝捷漆油贸易(上海)有限公司.专业汽车漆颜色培训手册.2008.

[5] 庞贝捷漆油贸易(上海)有限公司.调色培训手册.2008.

[6] 覃维献.汽车美容[M].北京:北京理工大学出版社.2009.

[7] 保时捷中国培训学院.服务培训.保时捷基础维修涂装培训手册.

[8] 保时捷中国培训学院.服务培训.保时捷高级喷漆技师培训手册.

[9] 丰田汽车公司.丰田服务培训手册.

[10] 欧盟 Asia-Link 项目"关于课程开发的课程设计"课题组.职业教育与培训学习领域课程开发手册[M].北京:高等教育出版社,2007.

[11] 庞贝捷漆油贸易(上海)有限公司.环球达壮专业汽车漆产品手册.2007.

[12] 吴兴敏,马志宝.汽车涂装技术[M].北京:人民邮电出版社,2009.

[13] 约翰内斯·伊顿.色彩艺术[M].杜定宇,译.北京:世界图书出版公司,1999.

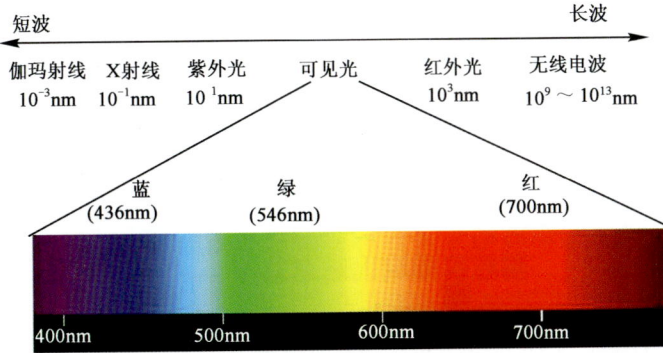

短波 长波

伽玛射线	X射线	紫外光	可见光	红外光	无线电波
10^{-3}nm	10^{-1}nm	10^{1}nm		10^{3}nm	$10^{9} \sim 10^{13}$nm

蓝
(436nm)

绿
(546nm)

红
(700nm)

400nm   500nm   600nm   700nm

彩图1　可见光谱

彩图2　光的色散

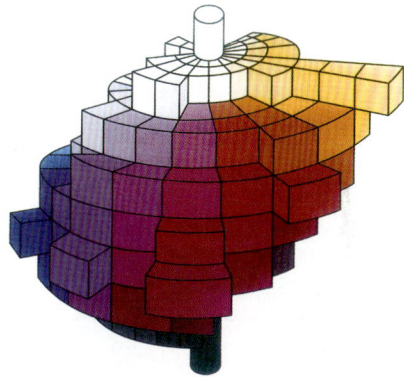

彩图3　孟塞尔色立体

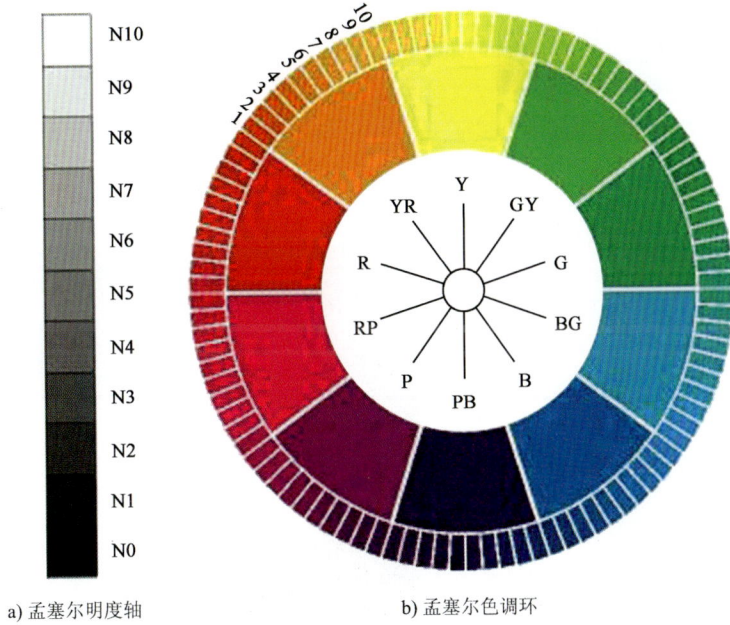

a) 孟塞尔明度轴

b) 孟塞尔色调环

彩图　4

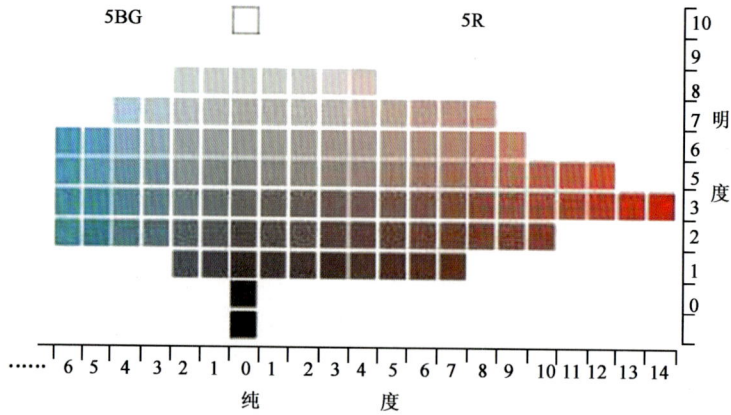

5BG　　　□　　　5R

明　度

纯　　　度

c) 孟塞尔颜色图册的 5BG-5R 等色调面

彩图 4　孟塞尔三属性平面图

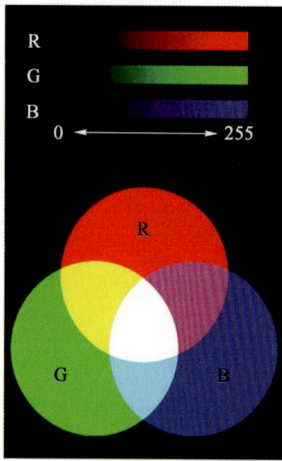

彩图 5　色光加色混合

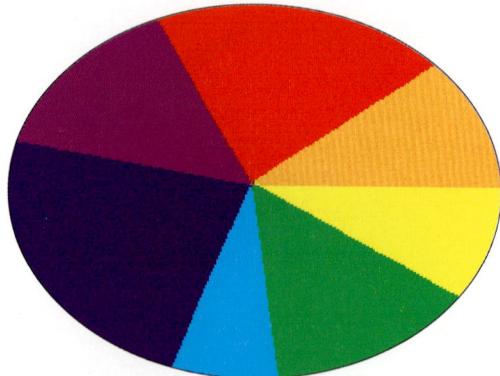

彩图 6　牛顿色盘

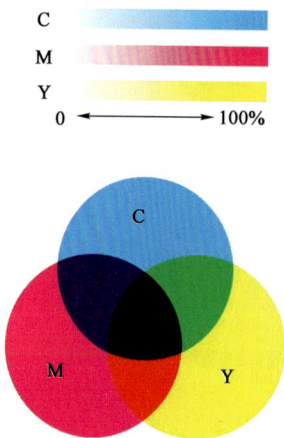

彩图 7　色料相减混合

彩图 8　不同施工方法喷涂的试板颜色差异

彩图 9　湿漆和干燥后的试板颜色差异

彩图 10　比色条件

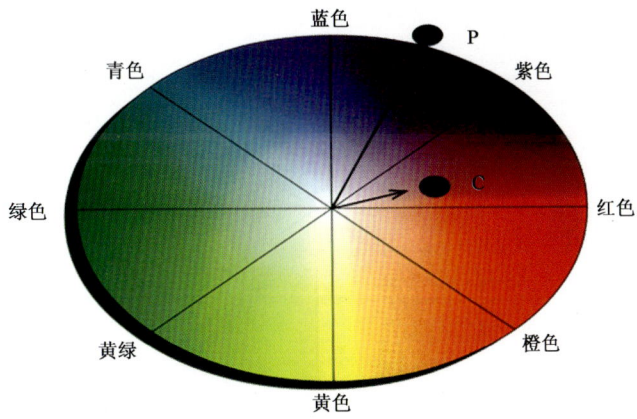

彩图 11　差异色和目标色

P-油漆颜色；C-车身颜色

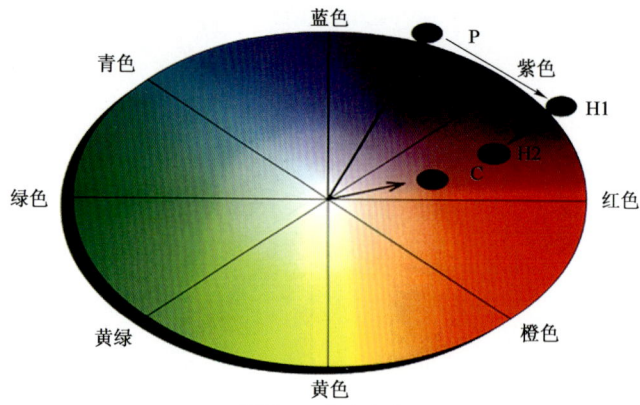

彩图 12　调色方向

P-油漆颜色；C-车身颜色

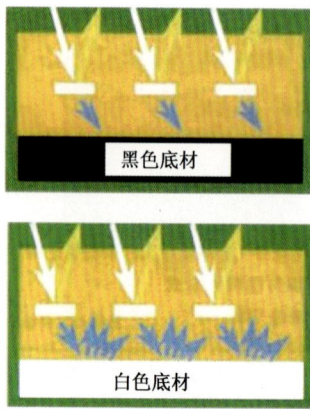

彩图 13　底材对三层珍珠颜色的影响

彩图 14　喷涂道数及底色不同对三层
珍珠颜色的影响

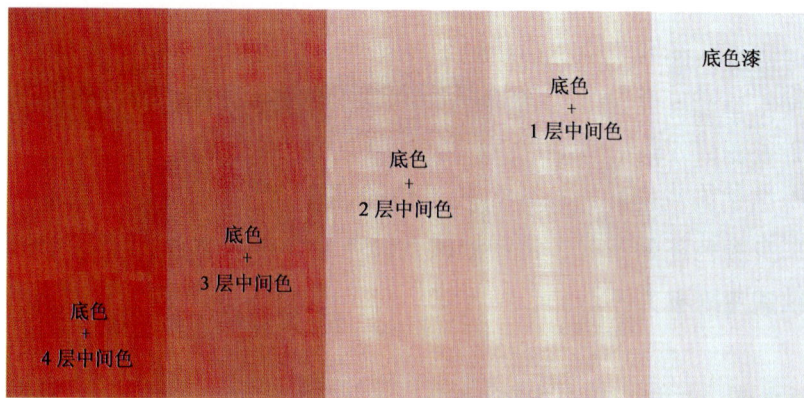

彩图 15　分色试板